미래를
바라보는 교사
**어떤 트렌드를
수업할까?**

미래를 바라보는 교사,
어떤 트렌드를 수업할까?

초판 1쇄 발행 2023년 5월 30일

지은이 이녕희

발행인 김병주
기획편집위원회 한민호, 김춘성
마케팅 진영숙
COO 이기택
뉴비즈팀 백헌탁, 이문주, 백설
행복한연수원 이종균, 이보름
에듀니티교육연구소 조지연

디자인 디자인붐

펴낸 곳 (주)에듀니티
도서문의 070-4342-6110
일원화 구입처 031-407-6368 (주)태양서적
등록 2009년 1월 6일 제300-2011-51호
주소 서울특별시 금천구 가산동 371-28 우림라이온스밸리 A동 1208호
출판 이메일 book@eduniety.net
홈페이지 www.eduniety.net
페이스북 www.facebook.com/eduniety
인스타그램 www.instagram.com/eduniety/
　　　　　　www.instagram.com/eduniety_books/
포스트 post.naver.com/eduniety

ISBN 979-11-6425-141-4 (13370)
값은 뒤표지에 있습니다.

문의하기

투고안내

미래를
바라보는 교사
어떤 트렌드를
수업할까?

이명희 지음

에듀니티

프롤로그

나는 꽤 늦은 나이에 교직에 발을 들였다. 처음 학교에 출근해 아이들을 만나기 시작한 것이 서른셋이었다. 일반 사립대를 졸업하고 사회생활을 하던 중 불현듯 교직에 대한 꿈이 생겼다. 교육대학교 4년이라는 또 한 번의 긴 시간을 거쳐 드디어 선생님이 될 수 있었다. 임용 시험 합격 후 정식 발령을 받기 전 기간제 교사로 근무한 것이 교사로서의 첫발이었다. 한참을 돌고 돌아 정말 하고 싶었던 일을 시작하게 된 만큼 교직 첫해부터 나의 열정은 남달랐고 아이들에게도 각별한 애정을 쏟았다. 처음 만났던 아이들은 6학년이었는데 졸업 후 우리 집에 전부 초대하기도 하고, 아이들이 중학생이 되었을 때에는 밖에서 다 같이 만나기도 했다. 이제 고3이 된 그때의 아이들과는 여전히 연락을 하고 지낸다.

교직 첫 해의 아이들과 행복한 1년을 마무리할 때쯤 아기가 생겼다. 정식 발령을 받아 신규교사로서의 첫발을 다시 한 번

떼게 되었을 때 나의 배는 제법 불러왔다. 만삭에 가까워져 몸을 움직이기가 힘들고 고통스런 입덧을 하면서도 나는 좋은 교사가 되기 위해 공부했다. 작은 체구에 남산만한 배를 하고 연수를 들으러 다니는 나를 주변 사람들이 심각하게 만류할 정도였다. 지금 생각하면 그 컨디션으로 어떻게 학교가 위치한 강서구에서 서울시 교육청이 있는 서대문까지 연수를 들으러 다녔는지 놀랍다.

출산 후에도 출근이 너무 하고 싶어 3개월 만에 복직했다. 동학년 부장선생님이 이끄는 공부 모임에 참여해 다른 학교 선생님들과 수업을 연구하기도 하고 무언가를 배울 수 있는 기회가 있다면 무조건 신청해 학기 중, 방학, 주말을 가리지 않고 열심히 참여했다. 여러 연수를 듣고 연구회 활동을 하며 다양한 지역에서 근무하는 여러 학교급의 선생님들과도 교류할 수 있었다. 모두들 교육에 대한 열정이 대단한 훌륭한 분들이었다. 어떻게 하면 좀 더 학생들에게 유의미한 교육을 할 수 있을지, 최근 수업했던 내용 중 좋았던 것은 무엇이었는지 등 대화를 나누고 좋은 정보들을 공유했다. 나 또한 나의 수업 사례와 교육에 대한 고민들을 그들과 나누었는데 어느 시점에서부턴가 문제가 생기기 시작했다.

그동안 함께 했던 사이였음에도 불구하고 선생님들과 나의 기류가 묘하게 차가워지는 지점이 있었다. 처음에는 우연이겠지 했던 것이 여러 번의 경험을 거치면서 확신으로 바뀌었다. 나의 '어떠한 이야기'가 선생님들의 심기를 불편하게 한다는 것을 깨달았다. 그 후부터 나는 선생님들과 대화를 할 때엔 더 이상 이러한 내용을 꺼내지 않게 되었다. 그 '어떠한 이야기'에 대해 잠깐 설명을 해야겠다.

내가 먼 길을 돌고 돌아 늦은 나이에 교대에 입학했을 때 가장 놀랐던 점은 교육대학교는 대학이라기보다는 오히려 고등학교와 비슷한 점이 많다는 것이었다. 인문학부, 사회과학부, 예술학부 등 학부라는 것이 없었으니 일단 캠퍼스가 매우 작았고 1반, 2반, 3반처럼 학년마다 반의 개념이 존재했다. 시간표 또한 학생이 자유롭게 선택하는 것이 아니라 반마다 어느 정도 정해진 시간표가 존재했고 따라서 같은 반 학생들과는 대학 4년 내내 거의 비슷한 수업을 듣는다는 점도 놀라웠다.

그나마 내가 경험할 수 있는 새로운 사람들이란 타과 학생들인데 수업이 전공과 반별로 어느 정도 정해져 있다 보니 타과생들과의 교류도 거의 일어나지 않았다. 다양한 학부가 없으니 당연히 다양한 분야의 소양을 쌓을 수 있는 교양 과목이라는 것도 존재하지 않았다. 교양 과목이 얼마나 재미있는데…. 게다가 내가 다니던 교대의 경우 캠퍼스가 경기도 안양의 산기슭에 동떨어져 있다 보니 학교가 끝나도 여가·문화생활을 즐기기도 힘들뿐더러 타 대학 학생을 구경하는 일도 드물었다.

이는 내가 일반대학을 다녔을 때와는 완전히 다른 캠퍼스 생활이었다. 내가 나고 자란 지역에서 고등학교까지 다닌 후 큰 종합대학에서 캠퍼스 생활을 시작했을 때 그곳은 신세계 그 이상으로 다가왔었다. 대학이 아니었다면 내 평생 국적, 전공, 연령대가 각기 다른 200여명의 학생들과 한 강의실에 앉아 함께 수업을 듣고 다양한 의견을 교류할 수 있었을까? 세상에 이토록 세분화된 학문이 있고 그것을 탐구하고 또 멋진 청춘을 보내는 젊은이들이 많다는 사실에 전율이 일었었다.

일반대학은 학교 특성상 취업을 준비하지 않을 수 없기에 1학년 때부터 학생들이 공모전, 인턴십 등 외부활동에도 활발한 참여를 한다. 대학에 가면 공부를 하지 않고 술만 마시며 노는 줄 알았는데 미래를 위해 열심히 노력하고 다양한 경험을 하며 차곡차곡 인생을 설계해 나가는 학생들이 많았다. 나 또한 대학 생활 동안 적지 않은 인턴십을 경험했는데 그곳에서 만났던 대학생들은 또 얼마나 나에게 많은 자극을 주었던가.

교대보다 일반대학이 훨씬 좋다거나 교대를 비하하는 것은 절대 아니다. 교대는 교사 양성을 목적으로 특별히 설립된 대학이다 보니 그에 맞는 커리큘럼이나 그에 적합한 문화가 형성된 것일테다. 다만 나는 양쪽 대학을 모두 경험한 사람으로서 개인적인 느낌에 대해 적는 중이며 그래도 내가 느끼기에 조금 아쉬웠던 부분에 대해 솔직하게 이야기하는 것이다.

나는 대학 생활을 마치고 취업 준비에 본격적으로 뛰어들었다. 그러나 취업은 결코 쉽지 않았다. 나중에 피가 되고 살이 되는 값진 경험이 되리라 위안하며 말이 좋아 열정 페이지 쥐꼬리만한 급여를 받으며 이곳저곳에서 비정규직으로 떠돌았다. 그 당시엔 불투명한 미래가 불안했고 간간이 들려오는 대학 동기들, 함께 인턴십을 했던 친구들의 취업 소식을 들으며 더 없이 좌절하고 방황했지만 결과적으로는 정말 값진 경험이 되었다.

사회는 정말 냉정했다. 어리다고 봐주는 것도 없었다. 가뜩이나 나는 정식 직원도 아니었기에 사람들은 더욱더 나 '따위'는 배려하지 않았다. 그리고 내가 회사들을 경험하며 느낀 점은 세상엔 정말 '꽁'으로 되는 일은 하나도 없다는 것이었다. 돈을 많이 받는 직업들은 그만한 이유가 있었고 그들은 정말 치열하게 일했다. 기업은 결국 이윤을 창출하는 것이 목적이다 보니 모든 것이 빠르게 빠르게 이루어졌다. 세상이 어떻게 바뀌는지 트렌드(Trend)를 민감하게 조사하고 소비자의 행동도 치밀하게 분석해 그들의 마음을 사로잡을 무언가를 만들어냈다. 하물며 피자 브랜드에서 신메뉴를 출시할 때만 하더라도 '그냥' 피자에 어떠한 스토리와 어떠한 이름을 입혀 소비자에게 어필할 것인지 여러 날을 고민한다. 그렇게 해서 '그냥' 피자가 크리스마스 시즌 솔로들을 다독이는 고마운 '다독이' 피자로 우리 곁에 다가오게 된다.

취업의 관문을 뚫지 못해 여기저기서 '인생 수업'을 받으며 초조하게 살던 나는 동네에서 학원 강사로도 일을 하게 되었다. 이 또한 만만치 않았다. 어떤 콘셉트로 어떻게 홍보를 해야 인근의 다른 학원보다 더 많은 학원생들을 유치할 수 있을지, 어떻게 하면 기존 원생들의 이탈을 막을 수 있을지, 학부모와 학생 관리는 어떻게 해야 하는지 등 매주 진지한 회의가 열렸다. 학원 강사로 일하며 나는 의외의 발견을 하기도 하였는데 이것이 신의 한수였다. 생각했던 것보다 아이들을 가르치는 직업이 나에게 훨씬 잘 맞았다는 것이다. '초딩', '중딩'들과의 '케미'(Chemistry)도 좋았고 성적도 쑥쑥 올려주었다. 이것이 그간의 나의 방황에 종지부를 찍고 교사로서의 새 출발을 하는 계기가 되었다.

어렵사리 교사가 되고 났을 때 또 한 번의 충격이 왔다. 사회의 시간과 다르게 학교의 시간은 꽤나 느리게 흐른다는 점 때문이었다. 하루하루가 정글 같고 매 순간 변화에 귀추를 세워야 하는 사회와 달리 학교의 시간은 고요했고 평온했다. 학교를 비난하고 비하하는 것은 절대 아니다. 학교는 이윤추구에 목적이 있는 것도, 이해관계에 따라 움직이는 기관도 아니기에 평온하고 차분한 분위기가 오히려 아이들 교육에는 좋을지도 모른다.

그러나 그럼에도 불구하고 내 속에서 자꾸만 꿈틀대는 생각이 있었다. 학생들이 졸업 후 나가게 되었을 때 마주할 사회라는 곳은 결코 호락호락하지 않다는 것, 그곳에서 적응하고 행복하게 살기 위해선 그에 맞는 대비를 해야 한다는 것, 학교 교육도 사회 변화의 속도를 따라가야 한다는 생각이 그것이었다. 그리고 우리 교사들 역시 기업가의 마인드를 갖추고 한 학급의 CEO라는 생각으로 보다 혁신적인 학급 경영을 해야 하지 않을까, 학생을 우리 최대의 고객이라고 생각하고 학생의 미래를 치열하게 연구하고 준비할 수 있도록 도와야하지 않을까 하는 생각도 들었다.

　나는 결코 다른 선생님들이 걸어온 길이나 교사라는 집단 자체에 대해 부정하는 것이 아니다. 그러나 그럼에도 불구하고 나는 여전히 우리 교사들이 인정할 것은 인정하고 개선해야 할 점은 개선하기 위해 노력해야 한다고 생각한다. 바로 '어떠한 이야기'는 이런 내 생각을 말한다. 물론 이러한 이야기는 더 이상은 입 밖에 내지 않는다. 대신 이렇게 큰 용기를 내어 조심스레 글로 적어본다.

　나는 그 무엇보다 미래교육에 관심을 갖고 있다. 학교 교육은 학생의 미래를 준비해줄 수 있어야 한다는 철학을 갖고 어떻게 하면 아이들의 미래에 도움을 줄 수 있을지 공부하고 연구한다. 학교 밖 사회 변화에 촉각을 기울이기 위해 여러 분야의 책을 읽고 OECD, UN 등 국제기구의 발표에도 관심을 기울이며 전 세계가 어떠한 방향으로 향하고 있는지 수시로 확인한다. 학교로 도착하는 각종 공람 문서들도 꼼꼼히 살핀다. 이를 통해 우리나라 교육이 현재 추구하고 있는 것은 무엇이며 사회는 교사들이 아이들에게 어떠한 역량을 길러주길 원하는지 확인한다. 이러한 과정을 거치다 보면 현 우리 사회 여러 분야에 대해 저술한 책, 국제기관의 발표, 국가 교육과정의 목표가 모두 동일한 곳으로 향하고 있다는 것을 깨달을 수 있다. 그렇다면 이제는 더 이상 의심할 필요 없이 이러한 지점을 향해 교육활동을 전개하면 된다.

현재 이 모든 것들이 향하는 지점은 크게 3가지 정도로 요약할 수 있다. 먼저, 미래핵심역량을 길러야 한다는 것이다. 교사들이 수도 없이 들어봤을 문제해결력, 창의적 사고력, 비판적 사고력, 의사소통 능력, 협업 역량 등이 그것이다. 그러나 이러한 역량을 실제 교육활동을 통해 아이들에게 길러준다는 것은 쉽지 않다. 더군다나 우리 교사들은 전통적인 방식의 교육을 받으며 자라 왔기에 미래핵심역량을 길러줄 수 있는 혁신적 교육 방법에 대한 아이디어가 쉽게 떠오르지 않는다. 내가 교육활동을 함에 있어 가장 많이 연구하고 고민하는 부분도 바로 이러한 역량을 길러주기 위한 구체적 교육 방법, 구체적 수업 모델 개발에 관한 것이다.

두 번째는 현재 전 세계에서 원하는 인재는 전 지구적 문제를 해결할 수 있는 역량을 갖춘 사람이라는 것이다. 과학 · 기술은 더 이상 성장이 이루어지지 않아도 될 정도로 비약적 발전을 이루었다. 그러나 이렇게 기술 개발이 무분별하게 이루어지는 동안 지구는 더 이상 버틸 수 없는 위기에 처했다. 전 세계를 강타한 코로나 바이러스가 대표적 예가 될 것이다. 코로나가 종식되더라도 또 다른 바이러스가 창궐하여 인류를 덮치리라는 의견이 지배적이다. 이러한 전염병 문제 외에도 환경 문제 등이 앞으로 반드시 해결해야 하는 문제로 대두되고 있다.

최근 ESG(Environmental, Social and Governance) 경영이라는 용어가 전 세계적 이슈이다. 더 이상 자신의 이윤만 추구하고 올바른 과정 없는 결과를 내 놓는 기업들은 투자도 유치하기 힘들고 소비자의 마음을 얻기도 힘들다. 기업 또한 전 지구적 문제를 해결하는데 앞장설 것을 요구받고 있으며 이러한 흐름은 미래에도 계속될 것이다. 따라서 우리들은 아이들에게 세계시민의식을 길러주어야 하며 환경, 사회 문제 등에 진지하게 관심을 갖고 이를 해결할 수 있는 역량을 길러주어야 한다.

세 번째는 첨단 기술을 사용할 수 있는 리터러시(Literacy)이다. 문제를 해결할 때 우리들은 필수적으로 도구를 사용한다. 그런데 문제를 해결할 때 사용하는 도구가 시대착오적이거나 구식이라면 곤란할 것이다. 따라서 아이들은 미래에서 중요하게 사용될 도구의 사용법을 미리 연습하고 이를 자유자재로 활용해 문제를 해결할 수 있도록 준비해야 한다. 그렇다면 미래에 중점적으로 사용될 도구는 무엇일까. 4차 산업혁명의 주요 기술로 평가받는 인공지능, 사물인터넷, 빅데이터, 드론, 가상현실 등이다. 따라서 우리는 학교에서 지금부터 아이들에게 이러한 디지털 도구를 읽고 쓸 줄 아는 'ICT 리터러시(Information and Communications Technologies Literacy)'를 길러주어야 할 필요가 있다.

나는 이러한 3가지를 항상 염두에 두고 학급을 운영하고 수업을 설계한다. 2021년 한 해에만 작품을 출품했던 공모전 세 곳 모두에서 상을 받기도 하고, 여러 연구 기관에서 인터뷰 요청이 들어오기도 했다. 직무연수 강사 섭외가 들어오기도 했고 어떤 수업에 대한 소식은 국회에 알려져 아이들을 데리고 국회에 방문해 수업 발표회를 하기도 했다. 또한 어떤 학급을 맡아 학급 운영을 하던, 매년 학생과 학부모님들의 만족도는 최고였다. 아이들의 성장도 눈에 띄게 경험할 수 있었다. 이러한 일련의 피드백들을 통해 나는 나의 교육방향에 대한 확신을 갖고 더욱 열심히 나아갈 용기와 자신감을 얻게 되었다.

미래교육에 관심은 있으나 막상 어떻게 시작하고 운영해야 할지 방법을 잘 모르는 선생님들을 위해 조금이라도 도움이 되고자 하는 마음으로 이 책을 준비했다. 먼저 미래 교육을 시작하기 위해 필수로 알아야 하는 이론적인 내용에 대해 간략한 설명을 하였다. 그 후에는 교사가 어떻게 하면 트렌드와 미래를 읽을 수 있을지 이에 대한 방법을 안내했다. 교사 역시 현 시대와 앞으로 흘러가게 될 미래에 대한 정확한 진단이 있어야 그에 맞는 교육활동을 전개할 수 있기 때문이다. 마지막 장에서는 교실에서 미래교육을 실현할 수 있는 구체적인 방법을 제시했다. 학급 교육과정을 설계하는 것에서부터 수업 계획 및 수업 실행까지 그동안 교육했던 사례들을 중심으로 자세히 소개하였다.

미래교육의 방향성을 이해하고 현재와 미래를 읽는 눈을 키워 이를 실제 수업으로까지 연결할 수 있다면 미래교육은 더 이상 어려운 것이 아니다. 이 책이 그러한 도움을 줄 수 있기를 간절히 소망한다.

이 책이 나오기까지 많은 도움이 있었다. 먼저 이 책의 가능성을 알아봐주시고 출간을 허락해주신 에듀니티 김병주 대표님, 원고를 수정하는 동안 마지막까지 힘을 낼 수 있도록 칭찬과 격려를 아끼지 않으신 한민호 편집위원님께 감사의 말씀을 드린다. 툴툴대기는 하지만 결국 내가 원하는 꿈을 이루며 살 수 있도록 지지해주고 많은 도움을 주는 남편에게도 고맙다는 인사를 전한다. 이제는 어엿한 중학생이 된 소중한 '내 새끼들' 우리 방화초 6학년 2반 동길, 남수, 서윤, (김)수민, 은수, 호진, 현준, 윤하, 동욱, 동일, 연우, 가은, 유나, 은서, 하늘, 보미, (오)수민, 시유, 수린, 성연, 정민에게 고맙다고 사랑한다고 말하고 싶다. 만난 지 한 달 만에 '선생님 사랑해요'라며 에너지를 듬뿍 주는 수명초 5학년 2반 귀염둥이 민석, 지연, 가빈, 민준, 서윤, 연우, 용민, 하율, 시현, 윤, 지민, 성우, 유정, 은빈, 준서, 현민, 훤, 가원, 윤서, 석훈, 현빈, 동훈, 이수에게도 사랑의 마음을 전하고 싶다. 마지막으로 하루하루 사랑에 벅찬 마음으로 잠들게 하고 아침을 시작하게 해주는 나의 소중한 아들, 종현에게 이 책을 바친다.

2023년 5월
이명희

차례

프롤로그   — 4

1장 · 당신은 미래를 수업하는 트렌디한 교사입니까?

1. 어려운 미래교육, 콕 집어 드립니다!   — 21
- 수능 9등급과 의대 합격, 누가 1등인가?   — 21
- 데세코 프로젝트가 놓친 것, 에듀케이션 2030+   — 25
- 기업도 피해갈 수 없다. ESG 경영은 필수   — 27
- 미래교육과 융합교육 너와 나의 연결 고리   — 29

2. 미래를 준비하는 트렌디한 수업 설계를 위한 과정   — 35
- 핵심정리 1. 사회·환경·지구를 생각하는 문제 상황 설정하기   — 35
- 핵심정리 2. 최소 두 가지 이상 교과를 연계한 종합적 역량 기르기   — 38
- 핵심정리 3. 다양한 문제해결 방법 제시하기   — 40

3. 미래를 수업하는 트렌디한 학교들   — 45
- 하버드보다 들어가기 어렵다는 미네르바 스쿨   — 47
- 실리콘 밸리가 열광하는 스탠포드 디 스쿨   — 50

2장 · 미래를 수업하는 트렌디한 교사, 이것부터 시작하자.

1. 트렌드와 미래를 읽는 독서는 이렇게   — 57
2. 쇼핑몰 말고 온라인 서점 단골 되기   — 65

3. 모닝 독서, 미라클이 열린다   — 70

4. 트렌드와 미래를 기록하는 메모   — 73

5. 딱딱한 공람 문서, 알고 보니 트렌디!   — 76

6. 트렌드와 미래를 연구하는 교사들의 모임   — 82

7. 학교를 벗어나 학교 밖으로 눈을 돌려라!   — 89

8. 미래를 수업하는 트렌디한 교사가 되기 위한 연구와 도전   — 100

3장. 미래를 수업하는 트렌디한 교사, 이제는 실전이다.

1. 꿀같이 달콤한 학기를 보낼 수 있는 1년 교육과정 설계하기   — 107

2. 공간 설계, 생각보다 그 힘이 강하다   — 119

3. 트렌디한 수업을 위한 풍부한 예산 확보하기   — 124

4. 트렌디한 미래교육, 이렇게 실행했다   — 130

- 트렌디한 미래교육 첫 번째 사례   — 131
  - 초등학생이 밝힌다! IT 성차별 핫 IT슈

- 트렌디한 미래교육 두 번째 사례   — 162
  - 독거 어르신들을 위한 깜짝 선물

- 트렌디한 미래교육 세 번째 사례   — 178
  - 깨끗한 급식실 만들기 프로젝트

- 트렌디한 미래교육 네 번째 사례   — 196
  - 우리가 직접 만드는! 학생들을 위한 행복한 공원

- 트렌디한 미래교육 다섯 번째 사례   — 214
  - 서울대에서 발표하다! SDGs 문제 해결 프로젝트

- 트렌디한 미래교육 여섯 번째 사례   — 230
  - 보여줄게~인권을 지키는 나! 뮤직비디오 만들기

에필로그   — 243

1장

당신은 미래를 수업하는
트렌디한 교사입니까?

어려운 미래교육,
콕 집어 드립니다!

수능 9등급과 의대 합격, 누가 1등인가?

스물아홉이라는 늦은 나이에 다시 교육대학교 1학년, 풋풋한 새내기가 되었다. 사회의 쓰디 쓴 맛을 보다 다시 학생이 되었을 때 세상은 더없이 아름다워 보였다. 뒤늦게 학업에 대한 열정이 샘솟아 교대에 다니는 내내 수업도 열심히 듣고 공부도 열심히 했다. 그럼에도 불구하고 많은 내용들이 머릿속에서 희미해져 버렸다. 그러나 여전히 잊지 않고 기억하는 강의가 하나 있다. 정확히 이야기하자면 강의 중 시청했던 다큐멘터리이다. '누가 1등인가' 라는 제목의 다큐멘터리에는 이름, 나이, 학력 등 모든 정보를 가린 아홉 명의 학생들이 등장한다. 이들은 자신들의 문제 해결 과정이 대기업의 인사 담당자, 명문대 입시 담당자에게 모니터링되고 있다는 사실을 모른 채 제한된 시간 안에 미션을 해결하기 위해 고군분투한다. 모니터링 담당자들은 참가자들의 문제 해결 과정을 흥미롭게 지켜보며 참가자들에 대한 추측을 한다. 당시 강의실에서 다큐멘터리를 시청하던 우리들 또한 참가자들에 대한 다양한 추측을 하며 흥미롭게 영상을 지켜보았다.

모든 문제 해결 과정이 끝나고 드디어 참가자들의 이력이 발표되었다. 모니터링을 하던 영상 속 인사 담당자, 입시 담당자들은 물론 강의실에 있던 우리들 모두 놀라지 않을 수 없었다. 문제 해결을 가장 잘했던 참가자는 수능 전체 9등급을 받은 학생이었던 반면, 문제 해결에서 가장 부진한 성적을 보였던 참가자는 수능 만점을 받은 의대 합격생이었기 때문이다. 물론 수능 전과목 9등급을 받은 학생에게는 인도 거주 경험, 탈북자 대안학교 재학, 배낭여행 등의 독특한 이력이 있기는 했다.

해당 다큐멘터리는 교과 지식을 빈틈없이 암기하고 수능 만점을 받은 학생과, 수능 전과목 9등급을 받은 학생 사이에 정반대의 문제 해결을 보여줌으로써 '과연 누가 1등인가'라는 묵직한 질문을 던졌다. 사실 이 영상은 2015년 당시 우리나라 교육에서 화두가 되었던 '데세코 프로젝트(DeSeCo Project : Definition and Selection of Competentence Project)'에 관한 다큐멘터리였다. 데세코 프로젝트는 교육계에서 그동안 꽤나 언급된 주제이므로 이미 많은 선생님들이 알고 있을 것이다. 그러나 다시 한번 정리하는 차원에서 간단히 살펴보도록 하자.

전 세계 모든 국가가 교육에 부단히 힘을 쓰고 있다. 교육을 통해 인재를 길러내는 것이 국가 경쟁력을 키우는 핵심 방법 중 하나이기 때문이다. 그렇다면 전 세계 각국은 무엇을 토대로 교육정책을 마련하고 교육을 실행하는 것일까. OECD의 발표가 강한 영향을 미칠 수 있다. OECD는 항상 미래사회를 내다보고 앞으로 교육이 어떠한 방향으로 나아가야 하며 우리들은 무엇을 교육하고 어떻게 교육해야 할지 로드맵을 제시하기 때문이다. 데세코 프로젝트 또한 2006년 OECD의 발표를 통해 세상에 알려지게 된 내용이다.

그렇다면 데세코 프로젝트의 내용은 무엇일까. OECD는 2006년 데세코 프로젝트 발표 당시 앞으로의 미래 사회는 지식 그 자체가 중요하기 보다는 역량이 중요해질 것이라 예측했다. 사회의 변화 속도가 글자 그대로 눈 깜짝할 사이에 이루어지기 때문에 고정된 지식 그 자체를 외우기보단 어떤 사회가 오더라도 그 사회에서 살아남을 수 있는 역량을 개발하는 것이 훨씬 중요하다는 것이었다. 그렇다면 어떤 사회가 전개되든 반드시 통한다는 그 역량은 과연 무엇인지 궁금해진다. 데세코 프로

젝트는 이들 역량을 미래핵심역량이라 칭하며 다음과 같이 제
시했다.

	영역	핵심역량
OECD 데세고 프로젝트 (1997-2003)	도구를 상호적으로 활용하기	– 언어, 상징, 텍스트를 상호 활용하는 능력 – 지식과 정보를 상호 활용하는 능력 – 기술을 상호적으로 사용하는 능력
	사회적 이질집단에서 소통하기	– 다른 사람들과의 관계를 잘하는 능력 – 협동하는 능력 – 갈등을 관리하고 해결하는 능력
	자율적으로 행동하기	– 넓은 시각에서 행동하는 능력 – 인생의 계획과 개인적인 과제를 설정하고 실행하는 능력 – 자신의 권리 · 관심 · 한계 · 욕구를 주장하는 능력

(출처: https://www.eduinnews.co.kr/news/articleView.html?idxno=8456)

즉 OECD는 언어 · 상징으로 이루어진 지식과 정보를 활용할
수 있고, 그 시대가 요구하는 기술을 활용할 수 있는 인재들, 타
인과 관계를 잘 맺으면서 협동할 수 있고 갈등을 해결할 수 있는
인재들, 타율이 아닌 자율적으로 행동할 수 있는 인재들이 미래
사회에 경쟁력을 갖출 수 있다고 내다보았다.

이를 다시 풀어보면 결국 OECD는 언어 · 상징으로 이루어
진 지식과 정보 및 기술을 활용해 타인과 협동하며 자율적으로

문제를 해결할 수 있는 인재를 미래형 인재로 제시했으며 이러한 인재가 되기 위해 필요한 역량을 미래핵심역량으로 제시한 것이다. 위의 다큐멘터리는 다소 극단적인 예이긴 하지만 아무리 수능 만점을 받았다고 하더라도 실생활 문제를 해결하는 역량이 없다면 이는 미래형 인재와는 다소 거리가 있는 모습이며, 아무리 수능 9등급을 받았다고 하더라도 실생활 문제를 해결하는 역량을 갖추어 결국 문제를 해결했다면 이 경우 수능 9등급이라는 성적은 크게 문제가 되지 않는다는 것이다.

이렇게 해서 우리 교육에도 '미래역량', '역량중심교육'이라는 키워드들이 등장하기 시작했다. 미래핵심역량을 자기관리역량, 지식정보처리역량, 창의적사고역량, 심미적감성역량, 의사소통역량, 공동체역량으로 세분화하고 이러한 역량중심교육을 표방하겠노라 국가 교육과정에 명시하게 되었다. 이렇게 본격적으로 미래역량중심 교육의 중요성을 강조하며 새롭게 개정된 교육과정이 바로 2015년 개정 교육과정이었다.

데세코 프로젝트가 놓친 것, 에듀케이션 2030

데세코 프로젝트가 발표된 이후 그야말로 우리나라에는 '역량' 열풍이 불었다. 기업들도 앞으로는 단순히 대학 졸업

장, 대학 성적 보다는 역량을 갖춘 인재를 선발 및 채용하겠다고 발표하고 사내 직원 교육이며 평생 교육이며 '역량'이라는 키워드의 인기는 식을 줄 몰랐다.

그런데 OECD가 이전의 데세코 프로젝트에서 놓친 것이 있었다며 2015년 또 한 번의 중대한 발표를 하게 된다. 2015년 OECD의 이러한 발표는 '에듀케이션 2030(Education 2030)'으로 불리며, 현재 우리나라를 비롯한 전 세계의 교육이 에듀케이션 2030을 토대로 전개되고 있다. 2022년 12월 발표된 우리나라의 2022 개정 교육과정 역시 에듀케이션 2030의 철학을 반영한 것이다. 그렇다면 과연 데세코 프로젝트는 무엇을 놓쳤으며 에듀케이션 2030에서 새롭게 강조하는 내용은 무엇일까? 궁금하지 않을 수 없다.

결론부터 이야기하자면 에듀케이션 2030의 강조점은 바로 '지구촌 웰빙(Well Being)'이다. OECD는 데세코 프로젝트가 개인의 역량 개발에만 초점을 두었다며 이를 한계로 인식했다. 즉, 학생들이 어떻게 하면 급변하고 불분명한 미래사회에 대처하고 리드할 수 있을지 개인적 측면에만 집중해 역량을 제시했다는 것이다. 그러나 다가올 미래 사회에 진짜 필요한 인재는 개인적 역량은 물론 건강한 지구를 만드는데 기여할 수 있어야 한다고 이야기하며 이에 필요한 역량을 함께 개발해야 한다고 설명했다. 이에 따라 기존의 데세코 프로젝트에서 강조했던 역량 외에

'새로운 가치 창조하기', '긴장과 딜레마에 대처하기', '책임감 갖기'의 역량이 추가로 제시되었다.

따라서 앞으로의 학교 교육은 학생들이 미래에 적응하고 미래를 이끌 수 있는 개인적 역량을 이끌어주는 것은 물론 세계 시민의식을 갖고 책임감 있는 태도를 가질 수 있도록 이루어져야 한다. 우리들이 살아가는 이 세상을 보다 선하게 할 수 있는 새로운 가치를 창조하고, 우리들이 직면한 각종 갈등상황을 원만하고 합리적으로 처리할 수 있는 역량을 길러줄 수 있는 교육을 할 수 있도록 고민하고 힘써야 한다.

기업도 피해갈 수 없다, ESG 경영은 필수

이 세상이 지구촌 웰빙을 추구하는 방향으로 향하고 있다는 것은 기업을 통해서 보다 명확히 확인할 수 있다. 기업은 태생적으로 이윤을 추구하는 속성을 가지고 있기에 윤리, 도덕 등의 가치와 양립하기가 상대적으로 쉽지 않다. 그런데 이러한 기업이 윤리를 지키는 '척'이 아닌 '찐'으로 공공선을 실현하는데 팔을 걷어붙이고 나섰다. 갑자기 기업들이 착해지기라도 한걸까? 아니면 글로벌 문제에 진심으로 공감하고 문제 해결에 대한 막중한 책임감과 사명감을 가지게 된 것일까? 물론 이러한 마음이 아예 없는 것은 아니겠지만 그보다는 공공선을 실현하고 사회에 기여하는 것이 기업의 생존에 중대한 영향을 미치게 되었기 때문이다.

6학년 사회 교과서를 보면 가장 첫 단원에 '경제'에 관한 내용이 나온다. 학생들은 이 단원에서 기업과 소비자의 역할, 합리적 선택, 우리나라의 경제 체제 등에 대한 내용들을 배우게 된다. 현재 학생들이 배우는 교과서의 내용이 이전 교과서와 달라진 부분이 있는데 그 중 하나가 '소비자의 합리적 선택' 부분이다. 이전과 다르게 '가치 소비' 라는 말이 등장한다. 제품의 가격이 다소 비싸더라도 자신들의 가치에 부합하는 '착한 소비'를 하는 소비자들이 많아졌다는 뜻이다. 실제로 이 시대의 소비자들은 경영진의 인성 문제, 역사 왜곡 문제 등 윤리적으로 문제를 일으킨 기업들의 제품을 불매하고 SNS 등에 비판의 목소리를 내며 기업들을 퇴출시키기도 한다.

소비자의 인식 개선, 지구촌 문제의 심각성 등을 고려할 때 오로지 자신들의 이익 추구에만 급급한 기업은 결코 살아남을 수 없는 환경에 놓였다. 앞으로는 이렇게 사회와 환경을 생각하지 않는 기업들은 투자를 유치하기도 힘들어졌다. 많은 투자 회사들이 ESG(Environmental, Social and corporate Governance)지수로 회사를 평가한 뒤 평가 결과에 따라 투자를 하겠다고 발표했기 때문이다.

이제 기업은 소비자의 선택을 받기 위해서나 투자를 유치하기 위해서나 사회와 환경에 기여하는 방향으로 서비스 및 기술을 개발하고 이에 따른 이윤을 추구할 수밖에 없게 되었다. 기업에서 원하는 인재 역시 기업이 당면한 이러한 문제를 잘 해결해줄 수 있는 사람이다. 세상이 돌아가는 모습을 파악하고 그 속에서 문제를 발견하여 이를 혁신적 사고를 통해 해결할 수 있는 인재에 대한 수요는 계속해서 높아질 전망이다. 지구촌 웰빙과는 언뜻 거리가 멀어 보이는 기업마저 지구촌 웰빙을 생각하지 않으면 살아남을 수 없다. 다시 한번 우리들의 교육 방향이 어느 곳으로 향해야 하는지 확인할 수 있는 대목이다.

미래교육과 융합교육 너와 나의 연결 고리

'역량중심교육', '지구촌 웰빙'이 미래교육에서 중요한 키워드라는 것을 앞서 확인했다. 그런데 미래교육하면 빠지지 않는 또 하나의 키워드가 있다. 바로 '융합교육'이다. 실제 2015 개정 교육과정이 본격적으로 역량중심교육을 표방하며 함께 강조했던 것도 융합교육이었다.

융합교육을 강조했던 대표적인 예가 문·이과 공통 과목으로서의 통합사회, 통합과학의 신설, 인문·사회·과학 등 다양한 영역에 대한 기초 소양 함양이었다. 또한 2015 개정 교육과정에선 융합교육을 위한 다양한 교수 · 학습 방법들도 강조하였는데 교과 연계 수업, 프로젝트 수업, 문제 중심 수업, 디자인씽킹(Design Thinking) 수업 등의 형태들이다.

그런데 미래핵심 역량과 지구촌 웰빙, 융합교육은 도대체 어떤 관계가 있는 것일까. 이에 대해 이해하면 앞으로 프로젝트 수업, 교과 연계 수업, 문제 중심 수업 등 융합수업을 설계할 때에도 보다 효과적으로 접근할 수 있다.

우선 학교에서 아이들에게 길러줘야 할 역량과 교육의 방향성을 다시 한번 정리해보자. 아이들은 수업을 통해 언어 · 상징을 해석할 수 있어야 하고, 지식 · 정보를 활용할 수 있어야 하며, 기술을 사용할 수 있어야 한다. 또한 타인과 관계를 맺고 관계 속에서 오는 갈등을 합리적으로 해결하며 협동할 수 있어야 한다. 마지막으로 아이들은 수업을 통해 자율적으로 행동하는 힘을 기를 수 있어야 하고, 세계 시민의식을 갖고 책임감 있는 태도로 공동체 문제를 해결할 수 있어야 한다. 이를 통해 학생들은 미래핵심역량을 기르게 되고 지구촌 웰빙에 기여하는 태도를 기를 수 있다.

우리는 학생들이 지구촌 웰빙에 기여하며 미래핵심역량을 기를 수 있도록 프로젝트 혹은 문제를 기반으로 여러 교과를 융합하게 된다. 이 책의 맨 마지막인 3장에서 수업 사례를 통해 보다 자세히 소개하겠지만 간단히 설명하면 이런 식이다.

예를 들어 수업 주제를 정할 때 현재 우리 지구가 당면한 공동체 문제인 '탄소 배출 줄이기'를 생각할 수 있다. 그렇다면 현재 탄소 배출 및 대기 오염에 의해 지구는 어떠한 문제를 겪고 있을지에 대해서는 텍스트로 된 글을 읽으며 상황을 파악할 수 있다. 이러한 상황을 해결하기 위한 아이디어를 떠올리기 전 우선 현재까지 나온 해결 방안에는 어떤 것들이 있는지 온라인 자료 및 도서 등을 통해 지식·정보를 찾도록 한다. 이러한 지식·정보를 활용해 학생들은 새로운 아이디어를 떠올리게 되고 이를 실제 해결하는 과정으로 이어갈 수 있다. 실제 문제 해결 과정에서는 내가 아는 '엔트리'[1] 코딩을 활용할 수도 있고 '미리캔버스'[2]라는 플랫폼을 활용해 포스터를 만들 수도 있고 영상을 제작할 수도 있다. 또한 이러한 프로젝트를 혼자가 아닌 모둠 친구들과 함께 해결하도록 수업을 설계하여 갈등을 합리적으로 해결하고 협동할 수 있는 힘을 길러줄 수도 있다. 이렇게 지구촌 웰빙과 관련된 문제 또는 프로젝트를 수업의 주제로 설정해두고 이를 해결하는 과정에서 다양한 역량을 종합적으로 기를 수 있도록 수업을 설계하면 효과적인 융합수업이 될 것이다.

그렇다면 위의 수업에서 교과 융합은 어떻게 이루어지는 것

---

1) 블록 코딩을 통해 상상하던 게임, 예술 작품, 생활 도구 등을 직접 만들어 볼 수 있는 사이트로 네이버의 비영리 교육 기관인 커넥트재단에서 운영하고 있다.
2) 고퀄리티 PPT, 템플릿, 섬네일, 시각자료, 포스터 등을 만들 수 있는 웹 기반 그래픽 툴이다.

일까. 우선 '탄소 배출 줄이기'라는 문제 상황은 학년별로, 교과별로 다르겠지만 대체로 사회 또는 도덕 교과에서 가져올 수 있을 것이다. 이에 대한 글을 읽는 과정은 국어 교과와 연계가 가능하고 (국어 교과서에 이와 직접적으로 관련된 글이 수록되어 있으면 가장 좋다.), 이와 관련된 지식·정보를 검색하는 과정은 국어, 실과 교과와 연계할 수 있다. 실제 문제를 해결하는 과정에서는 아이들이 제시한 아이디어에 따라 다양한 교과 연계가 가능해진다. 대기 중 탄소를 포집하는 실험에 착안해 문제 해결 아이디어를 제시한 경우 과학 교과와 접목할 수 있으며, 탄소 배출을 줄이도록 권유하는 포스터를 만들고자 한 경우 미술 교과, 코딩으로 탄소 배출 절감에 도움을 줄 수 있는 프로그램을 만들고자 한 경우 실과 교과와 융합이 가능하다. 또한 모둠 토의 중 일어나는 갈등을 대화를 통해 합리적으로 해결하는 과정 역시 국어 교과와 연계하여 수업할 수 있다.

이렇게 우리 사회가 당면한 문제들을 해결하고 도움을 주기 위한 프로젝트를 진행하는 과정에서 여러 교과의 지식이 활용될 수 있으며 따라서 평소 다양한 영역에 기초 소양을 갖춘 아이라면 모둠 활동에 보다 많은 기여를 할 수 있고 문제를 원활히 해결할 수 있다. 탄소 배출에 관한 인문·사회·과학 지식을 두루 갖춘 아이는 탄소 배출이 현재 인류에게 어떤 위험을 일으키고 왜 이러한 문제를 해결하는 것이 필요한지 설명할 수 있으며, 과학적 지식을 활용해 이를 직접 해결하는 방법을 찾을 수도 있기 때문이다. 여기에 소프트웨어 활용 역량도 함께 갖추고 있다면 문제를 해결할 수 있는 방법의 폭은 더욱 넓어진다. 따라서 이러한 이유로 2015 개정 교육과정에서는 역량중심교육과 융합교육을 강조하며 이에 대한 일환으로 문·이과에 상관없이 모든 학생들이 공통사회·공통과학 과목을 배우고 인문·사회·과학 영역에 대한 기초소양을 함양할 것을 당부한 것이다.

다시 한번 정리하자면 지구촌 웰빙을 실현하는 미래역량을 기르는 융합수업을 설계할 때에는 먼저 공동체 문제와 관련된 주제를 선정하고 이러한 문제를 해결하는 과정 또는 프로젝트를 수행하는 과정에서 종합적 역량을 기를 수 있도록 해야 할 것이다. 또한 학생들이 다양한 교과 지식을 활용할 수 있도록 여러 교과를 연계하고, 모둠 활동을 통해 의사소통 능력을 기르고 합리적으로 갈등을 해결할 수 있도록 협업 기반 활동을 마련해야 할 것이다. 마지막으로 학생이 전 과정에 자율적으로 참여할 수 있도록 장려한다면 미래를 준비하는 데에 결코 실패하지 않는 수업이 되리라 생각한다.

지금까지의 내용을 통해 미래를 준비하는 교육이란 무엇인지 그 방향성을 잘 이해했다면 지금부터는 보다 실제적인 내용을 다루고자 한다. 학교 현장에서 미래교육을 쉽게 따라 할 수 있도록 핵심만 담아 3단계로 정리하였다. 각 단계별 구체적인 실행 방법 및 교실에서 활용할 만한 유용한 수업자료도 함께 소개하니 미래수업을 고민하는 선생님들께 많은 도움이 되었으면 좋겠다.

미래를 준비하는
융합수업 설계를 위한 과정

핵심정리 1. 사회·환경·지구를 생각하는 문제 상황 설정하기

미래수업을 설계할 때 가장 먼저 해야 할 일이 수업 주제를 정하는 것이다. 이 때 수업 주제는 사회·환경·지구와 관련된 것일수록 좋다. 그런데 우리가 사는 사회, 그리고 우리를 둘러싼 환경, 또 우리가 발을 딛고 있는 이 지구의 문제란 그 종류와 수가 너무도 방대하다. 워낙 문제의 종류와 수가 많다 보니 어떤 것에 우선 순위를 두어 수업 주제로 정해야할지 어렵다. 이왕이면 전 세계가 집중하고 있는 문제, 기업들도 함께 고민하는 문제를 수업에서 다루는 것이 미래를 준비하는 수업에 도움이 될 것이다.

이때 UN이 발표한 지속가능발전목표(SDGs: Sustainable Development Goals)를 참고하면 수업 주제를 정하는 데 큰 도움이 된다. SDGs는 지구의 지속가능한 발전을 위해 UN과 국제사회가 약속한 목표로 2016년부터 2030년까지를 그 기간으로 두고 있다. 전 세계가 당면한 여러 문제들 중 전 지구인이 힘을 합쳐 2030년까지 시급하게 해결해야 할 문제들을 선정해 목표로 제시한 것이다. 따라서 수업을 설계할 때에도 이러한 SDGs를 살피고 이와 관련된 주제를 선정한다면 보다 현 사회적 흐름에 부합하며 미래를 준비할 수 있는 역량을 길러줄 수 있을 것이다.

지속가능발전목표(SDGs)는 총 17가지로 구성되어 있으며 내용은 아래와 같다.

1. 빈곤 퇴치

2. 기아 종식

3. 건강과 웰빙

4. 양질의 교육

5. 성평등

6. 깨끗한 물과 위생

7. 적정 가격의 깨끗한 에너지

8. 양질의 일자리와 경제성장

9. 산업, 혁신, 사회기반시설

10. 불평등 감소

11. 지속가능한 도시와 지역사회

12. 책임 있는 소비와 생산

13. 기후행동

14. 수생태계 보전

15. 육상생태계 보전

16. 평화, 정의, 강력한 제도

17. 목표 달성을 위한 파트너십

한편 한국과학창의재단은 지속가능발전과 관련된 수업을 연구하는 개발단을 두고 이 개발단을 중심으로 활발한 연수를 진행하고 있다. 지속가능발전목표를 중심으로 전개되는 수업에 대해 좀 더 알아보고 싶다면 한국과학창의재단 종합 · 원격연수원의(https://lms.kofac.re.kr/) 교원연수 과정을 추천한다. '지속가능발전교육', 'ESD'의 키워드로 연수를 검색하면 과정을 쉽게 찾을 수 있다.

핵심정리 2. 최소 두 가지 이상 교과를 연계한 종합적 역량 기르기

수업 주제를 정했다면 해당 주제를 어떤 교과에서 다룰 수 있을지 교과서를 펼쳐보도록 하자. 예를 들어 '책임 있는 소비와 생산'이라는 주제를 정했다고 해보자. 내가 맡은 학년의 교과서를 전부 가져온 뒤 해당 주제와 관련이 있는 단원들을 찾으며 본격 수업 설계를 시작한다. 6학년 1학기를 예로 든다면 다음과 같이 교과 연계를 생각해볼 수 있다.

〈'책임 있는 소비와 생산' 관련 단원들〉

교과	단원명 및 차시
사회	2-1. 우리나라 경제 체제의 특징 – 가계의 합리적 선택 방법을 알아봅시다 – 기업의 합리적 선택 방법을 알아봅시다 – 가계와 기업이 만나는 시장을 알아봅시다
국어	6. 내용을 추론해요 – 내용을 추론하며 글 읽기
수학	5. 여러 가지 그래프 – 그래프를 해석해 볼까요

수업 주제와 함께 다룰 교과 및 차시까지 정해졌다면 아래의 표를 보며 구체적 활동을 계획하고, 활동을 모두 마친 후엔 체크리스트 문항에 스스로 답해 보며 종합적 역량을 고려한 수업

이 설계되었는지 확인한다.

〈활동 계획 예시(6학년 1학기 기준)〉

교과	단원명 및 차시	핵심역량 기반 활동
사회	2-1. 우리나라 경제 체제의 특징 – 가계의 합리적 선택 방법을 알아봅시다 – 기업의 합리적 선택 방법을 알아봅시다 – 가계와 기업이 만나는 시장을 알아봅시다	• 인터넷 검색을 통해 가계 및 기업의 합리적 선택에 관한 자료 조사하기
국어	6. 내용을 추론해요 – 내용을 추론하며 글 읽기	• 선생님이 찾은 '책임 있는 소비와 생산'에 관한 글 읽고 내용 추론하기
수학	5. 여러 가지 그래프 – 그래프를 해석해 볼까요	• 가치 소비에 관한 그래프 해석하기 • 친환경 생산에 관한 그래프 해석하기
창체	자치활동 봉사활동 진로활동	• '책임 있는 생산과 소비'를 독려할 수 있는 방법에 관한 모둠별 아이디어 회의하기 • 모둠별 아이디어 계획 및 실행하기 • 아이디어 실행 결과 분석 및 반성하기

〈핵심역량 체크리스트〉

핵심역량	확인
1. 언어 · 상징을 해석하는 활동을 포함했는가?	예□ 아니오□
2. 지식 · 정보를 활용하는 활동을 포함했는가?	예□ 아니오□
3. 특정 기능 · 기술을 활용하여 문제를 해결하도록 하였는가?	예□ 아니오□

4. 타인과의 갈등 해결·협동을 배울 수 있도록 하였는가?	예□ 아니오□
5. 학생이 자율적으로 행동하도록 수업을 설계하였는가?	예□ 아니오□
6. 책임감 있는 태도로 공동체 문제를 해결하는데 기여하는가?	예□ 아니오□

핵심정리 3. 다양한 문제해결 방법 제시하기

주제 중심의 프로젝트 수업은 위와 같은 교사의 수업 설계는 물론, 실제 수업을 진행하는 과정에서도 역시 교사의 역할이 중요하다. 교사는 학생들이 수업 주제에 흥미를 가질 수 있도록 자연스럽게 동기를 유발해야 하며, 다양한 자료 및 활동을 통해 해당 주제에 대한 학생들의 이해를 심화시켜야 한다. 이를 바탕으로 학생들은 문제해결을 위한 아이디어를 생성하고 계획을 수립하며 실제적인 문제 해결을 수행하게 된다.

이 때 교사는 또 한 번의 중대한 역할을 하게 되는데 바로 학생들에게 다양한 문제 해결 방법을 소개하여 창의적인 아이디어를 생성할 수 있도록 돕는 것이다. 실제 이러한 주제 중심의 프로젝트 수업은 학생들이 어떠한 창의적인 아이디어를 생각해 내는지에 따라 문제 해결 결과 및 수업의 질이 달라지게 된다. 따라서 교사는 학생들이 다양한 영역에서 사고하고 여러 가지 방법으로 문제를 해결할 수 있도록 평소 충분한 문제 해결 도구에 대한 사용 경험 및 자극을 줄 수 있어야 한다. 창체, 미술, 실과 시간 등을 활용해 다양한 앱과 웹, 각종 도구들을 사용한 경험이 많을수록 학생들은 실제 문제를 해결할 때에도 여러 가지 방법을 떠올릴 수 있으며 몇 가지를 조합해 보다 창의적이고 효과적인 해결 방안을 제시할 수 있다.

예를 들어 그동안 여러 가지 앱과 웹, 도구 등을 경험하지 못한 아이들은 문제 해결 방법으로 '포스터 만들기', '그림 그리기', '캠페인 문구 만들기' 등 다소 고전적인 방법을 택할 확률이 있다. 그러나 평소 수업을 통해 다양한 앱과 웹 등을 경험한 아이들은 문제 해결 방법으로 '인공지능 프로그램 만들기', '3D 펜으로 프로토타입 제작하기', '메타버스로 구현하기' 등 보다 새로운 방법을 떠올릴 수 있는 것이다.

아래의 예시는 필자가 학급에서 아이들과 수업하며 사용했던 여러 가지 앱과 웹의 목록이다. 인터넷 검색을 통해 해당 앱과 웹의 사용법은 쉽게 찾을 수 있을 것이니 평소 창체, 실과 시간 등을 활용해 아이들과 직접 체험해보도록 하자. 여기서 소개하는 앱과 웹에 대한 구체적 사용 방법과 수업 장면은 필자의 블로그(https://blog.naver.com/ericpoison)에도 자세히 수록해 두었으니 이를 참고해도 좋다.

〈수업에 활용하면 좋을 앱과 웹 목록〉

분류	앱 또는 웹 이름	특징
창작	미리캔버스 (https://www.miricanvas.com/)	카드뉴스, 발표자료, 현수막, 학급 신문 등 다양한 게시물 제작에 유용함.
	나의 최애펫	나의 취향으로 동물 캐릭터를 만들 수 있는 모바일 애플리케이션
	블로 (https://www.vllo.io/)	누구나 쉽게 사용할 수 있는 모바일 기반 영상 편집 프로그램
	Q카드 뉴스 (https://play.google.com/store/ apps/details?id=kr.co.ssc. qcardnews)	카드뉴스 제작에 최적화된 모바일 애플리케이션
	글그램, 쓰샷	원하는 사진에 원하는 폰트로 글을 쓰며 꾸밀 수 있는 모바일 애플리케이션
	스토리보드댓 (https://www.storyboardthat.com/)	간단한 웹툰을 만들 수 있는 프로그램
	투닝(https://tooning.io/tooning- landing-main)	인공지능을 이용해 웹툰을 만들 수 있는 프로그램
	후크패드 (https://www.hooktheory. com/hookpad)	직접 음악을 작곡해볼 수 있는 프로그램
	북크리에이터 (https://bookcreator. com/)	다양한 사진 및 동영상, 글을 쓰며 e북을 만들 수 있음.
	툰타스틱	3D 형태의 애니메이션을 제작할 수 있는 애플리케이션
협업 및 소통	패들렛 (https://ko.padlet.com/)	포스트잇 기능 등을 통해 온라인에서의 소통을 도움
	구글 프레젠테이션	구성원이 동시에 접속하여 프레젠테이션 작성 및 편집 가능
	구글 docs	구성원이 동시에 접속하여 문서 작성 및 편집 가능
	캔바 (https://www.canva.com/)	미리캔버스와 기능은 비슷하나 구성원이 동시에 접속하여 협업할 수 있다는 특징이 있음.
	Miro (https://miro.com/ko/)	한 플랫폼 안에서 프레젠테이션, 문서 등을 아우르며 구성원이 동시에 접속하여 협업 가능함.

인공 지능	오토드로우 (https://www.autodraw.com/)	그림의 일부만 그려도 인공지능이 이를 인식해 원하는 그림을 추천해줌.
	퀵 드로우 (https://quickdraw.withgoogle.com/)	제시어를 듣고 사용자가 그림을 그리면 인공지능이 그림의 일부를 보고 맞추는 일종의 퀴즈 프로그램
	티처블 머신 (https://teachablemachine.withgoogle.com/)	간단한 기계학습을 체험할 수 있는 프로그램
	머신러닝 포 키즈 (https://machinelearningforkids.co.uk/?lang=ko#!/about)	티처블 머신과 거의 기능이 유사하나 어린이용으로 제작된 프로그램
	AI 포 오션스 (https://code.org/oceans)	바다 속 물고기에게 쓰레기와 먹이를 주는 간단한 게임을 통해 기계학습을 간접적으로 체험해볼 수 있음.
	파파고 (https://papago.naver.com/)	인공지능의 문자 인식 기능을 체험해볼 수 있음.
	클로바노트	인공지능의 음성 인식 기능을 체험해볼 수 있는 애플리케이션
	고아트	인공지능의 생성신경망을 간단히 체험해볼 수 있는 애플리케이션
	구글 아트앤 컬처 (https://artsandculture.google.com/)	이미지 인식, 기계 학습 등을 체험할 수 있는 다양한 콘텐츠를 제공. PC, 모바일 모두 접속 가능하나 카메라 렌즈 기능을 이용한 더 많은 서비스 지원은 모바일로 가능
	Vrew (https://vrew.voyagerx.com/ko/)	인공지능이 영상 속 음성을 인식하여 자동으로 자막을 생성해주는 프로그램
	웹툰 AI 페인터 (https://ai.webtoons.com/ko/painter)	인공지능이 그림을 자동으로 채색해주는 프로그램
코딩	스크래치주니어	아이콘으로 코딩을 할 수 있는 가장 기초적인 코딩 프로그램. 앱스토어, 구글플레이스토어에서 다운로드 하여 태블릿 PC에서 사용 가능
	엔트리 (https://playentry.org/)	블록 형태의 코딩으로 다양한 인공지능 블록을 제공함
	스크래치3.0 (https://scratch.mit.edu/)	엔트리와 기능이 거의 유사하나 해외에서 개발된 프로그램
	코스페이시스에듀 (https://cospaces.io/edu/)	코블록스 기능을 통해 코딩을 연습할 수 있고 코딩한 결과를 가상현실·증강현실 콘텐츠로 구현 가능

가상 · 증강 현실	구글 아트 앤 컬처	유명 예술 작품, 미술관 등을 주제로 한 다양한 가상현실 · 증강현실 콘텐츠 제공
	코스페이시스에듀	직접 가상현실 · 증강현실 콘텐츠를 제작할 수 있는 프로그램
	제페토	아바타로 소통하는 모바일 기반 메타버스 프로그램
	이프랜드 (Ifland)	동영상 및 PDF 파일 실행이 가능하며 다수의 인원이 참여 가능한 모바일 기반 메타버스 프로그램
	게더타운, ZEP (https://www.gather.town/ https://zep.us/)	직접 공간 및 놀이를 설계한 뒤 친구를 초대하여 즐길 수 있는 메타버스 프로그램
	모질라 허브 (https://hubs.mozilla.com/)	카드보드를 쓰고 참여하여 보다 생생하게 가상현실을 즐길 수 있는 메디비스 프로그램
데이터 분석	네이버 데이터랩 (https://datalab.naver.com/)	주제별 데이터 검색 및 간단한 데이터 분석 기능을 제공하는 프로그램
	빅카인즈 (https://www.bigkinds.or.kr/)	뉴스 속 빅데이터 분석 정보를 제공하는 프로그램
	구글 트렌드 (https://trends.google.co.kr/home)	주제별 데이터 검색 및 간단한 데이터 분석 기능을 제공하는 프로그램. 국내 뿐 아니라 외국의 데이터까지 다루어 전 세계 동향을 분석할 수 있음.

3

미래를 수업하는
트렌디한 학교들

　얼마 전 오랜만에 동생 집에 방문했다. 그동안 묵은 이야기보따리를 신나게 풀며 밤새 그칠 줄 모르는 수다를 떨었다. 나의 동생은 초등 6학년, 4학년 두 아들을 키우는 학부모이다. 그렇다 보니 자연히 교육에 대해 이런 저런 이야기를 나누게 되었다. 어느덧 우리들의 대화는 조카들의 공개수업에까지 이르게 되었다. 그 중 동생이 했던 이야기가 아직도 기억에 남는다.

　"얼마 전 우리 애들 공개수업 했잖아. 그런데 뭔가 2% 부족한 느낌이었어. 우리 학창시절 때보다 수업이 확실히 화려하긴 했어. PPT도 고퀄리티에 재미있는 동영상도 많이 틀어주시더라. 그런데 왜 내가 학교에서 배울 때랑 별반 차이가 없다는 생각이 들었을까? 큰 애 수업에서도 3D펜을 이용해서 뭔가를 만들긴 하던데 그냥 그게 끝이었어. 3D펜으로 애들이 그냥 선생님이랑 똑같이 뭘 만드는구나."

세상에는 참 열심히 공부하고 수업을 연구하는 선생님들이 많다. 연수를 통해 알게된 것을 실제 수업에 적용하고 어떻게 하면 보다 아이들에게 도움이 되는 수업을 할 수 있을까 치열하게 고민하는 분들도 많다. 그럼에도 불구하고 우리들의 수업에 어딘가 2% 부족하다는 느낌이 든다면 그것은 왜일까? 우리 역시 이러한 수업을 받아본 경험이 없기 때문이다. 미래핵심역량 교육을 '제대로' 한다는 학교들의 사례를 꼼꼼히 살펴보아야 하는 이유가 여기에 있다.

실제 국가 및 교육 기관에서도 미래핵심역량 교육을 위한 교육과정을 설계할 때나 학교 개선 방안 등을 논의할 때 해외 유명 학교들의 사례를 연구해 벤치마킹한다. 미래핵심역량을 교육하는 외국의 우수사례들을 연구하고 분석한 논문 또한 그 수가 방대하다. 이러한 자료들에 등장하는 다양한 사례 중 항상 빠지지 않고 등장하는 대표 사례 몇 가지를 소개하고자 한다.

하버드보다 들어가기 어렵다는 미네르바 스쿨
(Minerva School)

미네르바 스쿨은 학교 설립 목적 그 자체가 학생들의 미래핵심역량 신장을 모토로 한다. 2011년 민간에서 투자를 받아 이러한 투자금을 바탕으로 2014년 처음 개교를 했다. 역사가 매우 짧은 학교임에도 불구하고 이 학교가 이룬 결과는 가히 놀랍다. 졸업생들이 아이비리그 대학의 졸업생들만큼 사회에서 두각을 나타내고 있으며 명문 대학원으로의 진학률도 매우 높기 때문이다. 결국 미네르바 스쿨은 하버드 대학의 입학률도 넘어서 '하버드보다 들어가기 어려운 학교'라는 수식어를 얻게 되기도 했다. 참고로 하버드 대학의 평균 합격률은 약 5%이고 미네르바 스쿨의 합격률은 평균 1.6%이다.

미네르바 스쿨은 기존의 교육 기관들과 차별화된 점이 많지만 그 중 가장 큰 특징은 뭐니뭐니해도 캠퍼스가 없다는 점이다. 그렇다면 미네르바 스쿨은 왜 별도의 캠퍼스를 두지 않은 것일까? 캠퍼스가 없다면 학생들은 어디에서 공부를 하고 생활을 하게 되는 것일까? 여러모로 궁금증이 많아진다. 미네르바 스쿨의 학생들은 대학 4년 동안 7개국의 도시 (미국 샌프란시스코, 대한민국 서울, 인도 하이데라바드, 독일 베를린, 아르헨티나 부에노스아이레스, 영국 런던, 대만 타이베이)를 돌며 생활한다. 이유는 명확하다. 전 세계를 돌며 '진짜' 세상을 경험하기 위한 것이다.

우리들의 대학생활을 한 번 떠올려보자. 우리는 학교 밖으로 벗어나지 않고도 충분히 생활할 수 있다. 학교에 있는 식당, 도서관, 컴퓨터실, 은행, 편의점, 헬스장 등을 사용하며 얼마든지 학교에서만 생활할 수 있다. 그러나 캠퍼스가 없다면 이러한 모든 서비스를 현지에서 직접 해결해야 한다. 미네르바 스쿨의 학생들은 정해진 캠퍼스가 없다 보니 세계 각국의 도시를 돌며 현지인이 사용하는 시설을 사용하며 지구촌 각각의 현장을 생생하게 경험한다. 전 세계인이 어떠한 삶을 살고 있으며 어떠한 문제에 직면해 있는지, 전 세계인의 공통된 특징은 무엇이며 나라별로 어떠한 차이점이 있는지 등을 직접적으로 체험한다.

또한 학생들은 각 나라를 돌며 각 나라가 당면한 문제를 실제 해결하는 경험을 한다. 이 또한 미네르바 스쿨의 큰 특징 중 하나이다. 문제 해결에 필요한 이론적인 내용, 학문적인 내용은 동영상 강의와 서적 등을 통해 스스로 학습하고 정규 수업 시간엔 학생들이 모두 실시간 온라인 화상 플랫폼으로 만나 토론식 수업을 나눈다. 이러한 과정을 거친 뒤 실제 문제를 해결하는 수업을 하게 되는데 이는 각 나라의 기업과 협력하는 형태로 이루어진다. 미네르바 스쿨 학생들이 한국에서 생활했을 당시의 예를 들자면 학생들은 네이버와 협업을 통해 여행자에게 도움이 되는 모바일 앱을 만드는 프로젝트를 진행하였다. 이 앱은 실제

평창 동계올림픽 기간에 서비스를 제공하였다. 또한 우리나라의 카카오, SK엔카닷컴과 프로젝트를 진행하기도 했다.

학생들의 미래역량을 신장하기 위한 미네르바 스쿨의 또 다른 차이점은 바로 전공과목을 처음부터 두지 않는다는 점이다. 우리나라 대학이 1학년 때부터 전공이나 학부를 정해 입학하는 것과는 달리 미네르바 스쿨은 3학년이 되어서야 전공을 정한다. 1학년 때에는 학교에서 선정한 의사소통, 비판적 사고 등 미래 핵심역량을 전문적으로 기르기 위한 과목들을 공부하고, 2학년 때에는 예술, 인문, 컴퓨터 과학, 자연과학, 사회과학 등 여러 분야를 두루 공부한다. 즉, 다양한 교과를 융합하여 창의적으로 사고할 수 있는 기반을 다지고 미래핵심역량을 종합적으로 기르는 데에 집중하는 것이다.

3학년이 되면 학생들은 전공을 정하고 전공과목에 대한 지식을 쌓게 된다. 또한 학생들은 3학년이 되면서 캡스톤 프로젝트(Capstone Project)라는 졸업 프로젝트도 함께 준비해야 한다. 그동안 배웠던 모든 지식, 경험을 활용해 실생활 문제와 관련된 주제를 한 가지 정하고 해결 방안을 제시하는 것이다. 4학년 때 자신들이 준비한 프로젝트를 발표함으로써 학생들은 학교를 졸업할 수 있게 된다.

이러한 점을 종합해 볼 때 미네르바 스쿨이 학생들에게 미래역량을 길러주는 방식은 다음과 같이 요약해볼 수 있을 것이다.

첫째, 다양한 문화와 세상에 대한 생생한 경험을 중시한다.

둘째, 실제 기업과 협업하며 사회의 '진짜' 문제를 해결하는
       문제해결 경험을 강조한다.

셋째, 종합적인 미래역량 함양과 융합적 사고를 강조한다.

넷째, 다양한 구성원과의 협업을 강조한다.

우리는 이러한 미네르바 스쿨의 교육 방식을 보며 수업 설계에 대한 힌트를 얻을 수 있다. 가정된 현실, 설정되거나 조작된 현실이 아닌 진짜 세상을 경험하고 실제 생활과 관련된 생생한 문제 해결 경험을 주어야 한다는 것, 학생들이 미래핵심역량을 종합적으로 발달시킬 수 있도록 수업을 설계하고 다양한 분야를 다루어 학생들이 융합적 사고를 할 수 있도록 도와야 한다는 것. 그리고 마지막으로 협업 기반의 활동을 제공해야 한다는 것이다.

실리콘밸리가 열광하는 스탠포드 디 스쿨
(Standford D-School)

필자에겐 인생에서 꼭 이루고 싶은 한 가지 꿈이 있다. 바로 스탠포드 디 스쿨에서 공부를 해보는 것이다. 미래교육에 관심

을 두고 다양한 자료를 찾으며 공부를 하다 보니 스탠포드 디 스쿨에 관한 정보를 많이 접하게 되었다. 이 학교에 대해 알면 알수록 그곳에서 꼭 한 번 배워보고 싶다는 마음이 간절해졌다. 그런데 스탠포드 디 스쿨은 필자뿐 아니라 실리콘밸리의 인재들에게도 인기가 아주 높다. 이미 전 세계적 반열에 오른 아마존, 구글, 마이크로소프트 등에서 일하는 인재들은 과연 무엇을 더 배우기 위해 스탠포드 디 스쿨에 진학하는 것일까.

스탠포드 디 스쿨은 전 세계 최고 수준의 전문가들이 모여 디자인씽킹(Design Thinking)을 연구하는 곳이다. 스탠포드 디 스쿨의 석학들은 디자인씽킹적 발상이 미래 시대를 살아갈 인재들에게 꼭 필요한 것이라 이야기한다. 애플, 구글 같은 기업은 실제 디자인씽킹에서 혁신적 사고를 만들어낸다고 밝히기도 하였다. 이러한 이유로 실리콘밸리의 임원진, 사원, 전 세계의 다양한 인재들이 디자인씽킹을 제대로 배우기 위해 스탠포드 디 스쿨을 찾고 있다.

그렇다면 디자인씽킹이 무엇인지 궁금해진다. 디자인씽킹의 의미와 방법을 이해할 수 있다면 우리들도 이러한 교육 방법을 적용해볼 수 있을테니 말이다. 그런데 디자인씽킹 역시 앞서 언급한 내용들과 맥을 같이 한다. 즉, 사람들이 당면한 각종 문제 해결, 융합적 사고, 협업을 강조하는 것이다.

디자인씽킹 하면 빼놓을 수 없는 패트리샤 무어(Patricia Moor)

를 사례로 들어 디자인씽킹에 대한 이해를 돕고자 한다. 패트리샤 무어는 평소 노인들이 생활 속에서 겪는 불편함에 큰 문제의식을 느끼고 있었다. 당시 디자이너였던 그녀는 디자인을 통해 노인들의 불편함을 해결해야겠다고 결심했다. 그리고 노인들이 겪는 불편함을 생생하게 경험하고자 80대 분장을 하고 3년 간 노인으로 살며 그들의 삶에 직접 뛰어들었다. 그녀는 당시 20대였지만 직접 노인으로 살며 그들의 생생한 삶을 경험한 끝에 노인들을 위한 혁신적인 결과물을 탄생시켰다. 우리가 현재 삶 속에서 만나고 있는 출입구의 계단을 없앤 저상버스, 손만 대면 자동으로 물이 나오는 수도꼭지, 소리 나는 주전자 등이다.

스탠포드 디 스쿨은 이렇게 사람들이 겪는 생활 속 문제를 발견하고 창의적으로 해결해 공동체에 기여할 수 있는 인재가 미래형 인재의 모습이라 설정하고, 그 방법으로써 디자인씽킹을 고안하고 연구한다. 또한 스탠포드 디 스쿨은 이러한 디자인씽킹이 미래 인재를 양성하는 학교 교육에도 적극 반영되었으면 하는 바람을 갖고 학교 교육 현장에도 디자인씽킹을 도입하기 위해 노력하고 있다. 앞서 소개한 미네르바 스쿨의 교육과정 역시 학생들이 전 세계를 돌며 다양한 삶을 생생하게 체험하고 그 속에서 발견한 문제를 해결한다는 측면에서 디자인씽킹의 과정과 닮아있다.

한편, 디자인씽킹에서는 문제를 발견하고 해결하는 과정에서 여러 가지 융합적 지식을 활용하고, 다양한 재료, 기상천외한 방식 등 다양한 시도와 실험을 해볼 것을 적극 장려한다. 또한 이질적 특징의 다양한 구성원들이 모인 팀 기반의 협업 활동을 강조한다. 이러한 협업 활동에서 보다 창의적이고 효과적인 문제 해결이 가능하다고 보는 것이다.

우리들은 이러한 스탠포드 디 스쿨의 사례를 통해 다시 한 번 미래교육에 있어 공동체를 위한 문제 해결, 융합적 · 창의적 사고, 협업 능력이 중요하다는 사실을 깨달을 수 있다. 아울러 스탠포드 디 스쿨은 전 세계 학교 교육에 디자인씽킹을 적용하기 위해 계속해서 노력하고 있다고 하니, 우리나라 교육 현장에도 이러한 스탠포드 디 스쿨의 교육 모델이 하루 빨리 도입될 수 있었으면 한다.

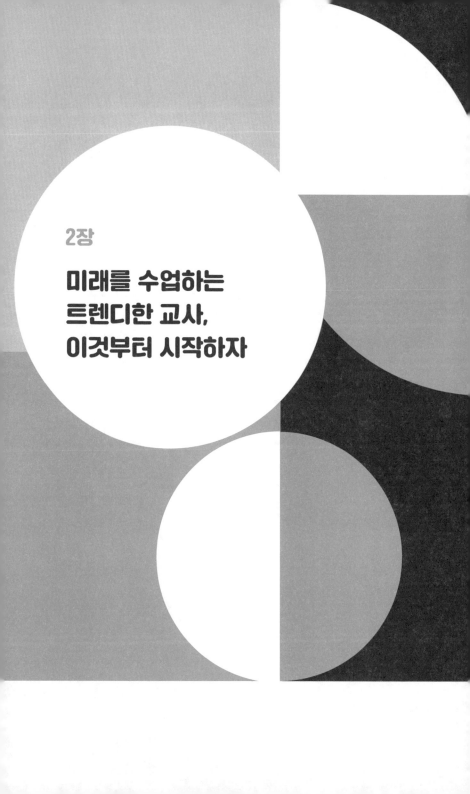

2장

미래를 수업하는
트렌디한 교사,
이것부터 시작하자

1

트렌드와 미래를
읽는 독서는 이렇게

　2021년 전 세계를 강타했던 K-드라마 중 〈오징어게임〉이 있다. 당시 〈오징어게임〉에 대한 열풍은 그야말로 엄청났다. 학교에서도 '무궁화 꽃이 피었습니다' 놀이가 인기였다. '이러다 우리 다 죽어' 라는 유행어를 말하는 아이들도 많았다. 그러다가 어느 새 부턴가 아이들이 '화살촉 화살촉' 이라며 드라마 〈지옥〉의 유행어를 남발하였다. 그러더니 어느 새 부턴가는 시도 때도 없이 '어쩔티비'라며 교실에서 '티비'를 찾아대기 시작했다. 그리고 2023년 봄, 지금 교실에선 드라마 〈더글로리〉의 '파이팅 박연진~브라보~멋지다 연진아!' 라는 대사가 유행이다.

　얼마 전 아들의 유치원 개학식 옷을 골라주다 서랍장에 있는

〈오징어게임〉 코스튬을 발견했다. 드라마 속 주인공들이 단체로 입었던 그 청록색 트레이닝복 말이다. 그 옷을 입혀 밖에 데려가기만 했다 하면 모르는 사람들도 웃음을 터뜨리며 아이에게 한 마디씩 건네곤 했는데, 지금 그 옷을 입혀 밖에 데려가면 언제 적 옷인데 이걸 입고 있지 하며 이상하게 볼 것이다. 이제 겨우 1년 조금 지난 옷인데 말이다.

　세상이 눈 깜짝할 사이에 변한다고들 하는데 간단히 드라마, 유행어의 주기만 봐도 절실히 공감하게 된다. 잠깐만 한 눈을 팔아도 내가 알고 있던 것, 내가 중요하다고 생각했던 것, 내가 재미있다고 생각했던 것들이 그 새 훅 지나가버리고 새로운 것들이 와 있다. 상황이 이러하니 아이들을 교육하는 교사들은 매 시각 눈을 크게 뜨고 트렌드에 집중할 수밖에 없다. 그런데 수업 준비하랴, 수업 하랴, 업무 하랴, 가정이 있는 경우라면 육아 하랴, 집안일 하랴… 트렌드는 커녕 TV를 볼 시간도, 스마트폰으로 인터넷 검색을 할 시간도 없다. 시간이 있다한들 잠깐 짬이 나는 시간에 단발성으로 맥락 없이 콘텐츠들을 접하게 되니 머릿속에 남는 것이 없다. 아, 트렌드와 미래는 어디에서 읽어야 한다는 말인가?

　고맙게도 트렌드만 쏙쏙 정리해 우리에게 알려주는 책들이 있다. 잠깐 짬이 나는 시간에 이렇게 트렌드에 대해 정리해둔 책을 읽는 것이 엄청난 도움이 된다. 트렌드를 읽기 가장 좋은 책은 역시나 「트렌드 코리아」이다. 이 책은 매해 출간되는 책이다. 매년 초가 되면 언제나 「트렌드 코리아」가 베스트셀러 목록에 자리한다. 이 책이 좋은 이유는 매해의 트렌드를 일목요연하게 키워드로 제시해준다는 점과 생생한 사례를 소개하기 때문이다. 책 속의 다양한 사례들은 훌륭한 수업 자료로 사용 가능하다. 보다 현실감 있고 생생한 사례들은 아이들이 수업에 더욱 몰입할 수 있게 도와준다.

예를 들어 환경과 관련된 문제만 하더라도 이제는 단순한 친환경이 아닌 '쉽'환경, '힙'환경, '찐'환경으로 트렌드가 세분화되고 있다는 점을 책을 통해 알 수 있다. 이와 관련된 여러 가지 사례들, 예를 들면 식품 생산 과정에서 버려진 가죽으로 가방을 만드는 '멀버리 그린'(Mulberry Green)'이라는 명품 브랜드가 있다는 것, 캔에 라벨을 붙이는 대신 몸체에 직접 디자인을 한 '칸타타(Cantata)'라는 커피가 있다는 것, 재활용률을 높일 수 있도록 '가그린(Garglean)'이 페트병을 무색으로 바꾸기 시작했다는 등의 이야기는 훌륭한 수업 자료가 될 수 있다.

트렌드를 요약해놓은 책들 중 두 번째로 추천하고 싶은 책은 미디어 트렌드에 대해 쓴 책들이다. 「트렌드 코리아」가 사회 전반의 트렌드에 관해 소개한 책이라면 「유튜브 트렌드」, 「뉴미디어 트렌드」와 같은 책들은 미디어 트렌드에 대해 특히 집중하여 쓴 책들이다. 미디어에서 다루고 있는 콘텐츠들의 트렌드를 알면 자연스레 사회 전반에 대한 트렌드를 알 수 있고, 이와 더불어 사람들이 어떤 것에 관심을 갖고 어떤 것들을 좋아하는지 알 수 있다.

더욱이나 요즘 초등학생들은 유튜브를 굉장히 즐겨본다. 그런데 아이들이 보는 콘텐츠와 기성세대인 우리가 즐겨보는 콘텐츠는 그 종류가 매우 다르며 공감하기도 쉽지 않다. 미디어 트렌드에 대해 밝혀 놓은 책들을 보면 아이들이 왜 이러한 콘텐츠에 열광하고 공감하는지 아이들에 대한 이해까지도 높일 수 있다. 또한 인기 있는 미디어 채널에서 다루는 주제, 콘텐츠 전개 방식을 수업자료를 만들 때에 적용할 수도 있다. 특히나 원격 수업용 영상 자료를 자주 만들어야 하는 요즘과 같은 상황에서 보다 아이들의 취향을 저격하는 콘텐츠를 만들고 싶다면 미디어 트렌드에 관한 책은 꽤나 도움이 된다.

세 번째로 추천하고 싶은 책은 교사에게 빼놓을 수 없는, 교육 트렌드를 짚어주는 책이다. 「대한민국 교육 트렌드」와 같은 책도 매년 출간되는 책이다. 사회 변화에 따른 교육은 앞으로 어떻게 전개될 것이며 어떤 정책들이 펼쳐지고 있는지 일목요연하게 알려준다. 이렇게 교육 트렌드에 대해 짚어준 책들을 통해 수업 외적인 것들에 대해서도 점검하는 계기를 마련할 수 있다.

예를 들면 코로나를 경험하면서 그 어느 때보다 학교의 돌봄 기능이 강화되었다는 것과 기초 학력 문제가 크게 대두되었음을 인식하고 단순히 수업과 생활지도 차원을 넘어 보다 큰 시각에서 학교와 교사의 역할에 대해 생각해볼 수 있는 것이다. 그리고 앞으로도 이러한 상황이 계속된다면, 혹은 이와 비슷한 사태가 또 다시 발생한다면 이에 대처하기 위해 어떠한 전략을 세워 준비를 해야 할지 미리 생각해볼 수 있다. 시대 변화를 관찰하며 이에 따라 새롭게 요구되는 교사의 역량을 파악하고 꾸준히 대비하고 준비할 수 있는 것이다.

이 외에도 트렌드와 미래를 읽을 수 있을만한 책은 굉장히 많다. 거의 매해 출간되는 「세계미래보고서」라는 책도 트렌드와 관련된 바이블과도 같은 책이고, MZ 세대의 트렌드만을 집중 분석해 놓은 책, 인구 트렌드, 라이프 트렌드, IT 트렌드 등 각 분야의 트렌드에 대해 소개하고 있는 책들이 무수히 많다. 심지어 노년층에 대해서만 깊게 다룬 「시니어 트렌드」라는 책도 있다. 그런데 이렇게 각 분야의 트렌드들을 분석해 놓은 책들을 읽다 보면 공통적으로 도출되는 키워드들을 발견하게 될 것이다. 이러한 키워드들은 특히 더 중요하다고 생각할 수 있다. 이러한 키워드들을 중심으로 특히 내가 교육활동에 접목해보고 싶은 것들을 몇 가지 추려낸 뒤 이에 대해 다룬 책들을 추가로 찾아 읽으며 이해의 폭을 넓히고 이에 대한 수업을 준비하면 된다.

나의 경우는 최근 트렌드와 관련된 책을 읽으며 모든 곳에서 ESG를 이야기한다는 것에 주목했다. 앞으로는 공동체 의식, 세계시민의식, 글로벌 문제 해결, 사회 공헌 등의 이슈가 정말 중요하게 다루어질 것이라는 것을 파악한 뒤, 작년 한 해 학급 특색 활동 주제를 ESG로 정했다. ESG에 대해 보다 자세한 정보를 얻고 싶은 마음에 관련 도서들을 추가로 구매해 정독했다. 여기까지 독서를 마치고 나자 학교에서는 어떻게들 ESG 수업을 실시하고 있는지 교육 사례들이 궁금해졌다. 'ESG 수업', 'ESG 교육' 등의 키워드로 도서 검색을 하니 역시나 관련 책들이 많았다. 그렇게 꼬리에 꼬리를 물고 독서를 하며 나만의 ESG 수업을 머릿속에 그려나가기 시작했다.

한편 필자가 주목한 두 번째 키워드는 '메타버스'였다. 수업과 접목하기 굉장히 좋은 주제라고 생각했다. 마찬가지로 '메타 페이스북', '메타버스' 등 메타버스와 관련된 책을 찾아 읽으며 메타버스가 무엇인지 보다 깊게 이해한 후 메타버스를 교육에 접목해 소개한 책들을 찾아 독서를 이어나갔다. 「에듀테크 FOR 클래스룸」, 「메타버스 FOR 에듀테크」와 같은 좋은 책들이 많이 있었다. 심지어 「메타버스 환경교육 프로젝트 FOR 에듀테크」와 같은 책들도 있었는데, 이는 내가 관심을 둔 ESG와 메타버스 모두를 다루고 있는 책이기에 특히 재미있게 읽었다.

이런 식으로 사회 전반 트렌드에 관해 짚은 책, 특정한 분야의 트렌드를 다룬 책들을 읽고 그 중 아이들과 특히 교육해보고 싶은 주제를 골라 해당 분야에 대한 심화 독서를 한다. 그리고 해당 분야를 수업에 적용해 놓은 책들을 찾아 읽으며 수업 아이디어와 수업에 활용할만한 앱과 웹 등 플랫폼에 관한 정보를 얻는다. 또한 이러한 책들에는 다양한 최신의 사례가 제시되어 있어 수업 중 아이들에게 보여줄 수 있는 영상 자료, 이미지 자료를 선별할 때에도 큰 도움이 된다. 누군가가 오래전에 찾아놓은 구식 영상을 이용하는 것이 아닌 생생한 사례를 이용해 수업할 수 있다. 한편 수업 중 아이들에게 보여주었던 이러한 영상 및 이미지 사례들을 교사 커뮤니티, 블로그 등에 게시하면 이는 내 학급을 넘어 다양한 학교 현장에도 공유할 수 있다. 이는 덤으로 어느 샌가 나에게 트렌드를 주도하는 교사라는 타이틀도 가져다줄 것이다.

마지막으로 필자에게 큰 도움이 되었던 책을 소개하자면 다음과 같다. 바로 「규칙 없음」, 「순서 파괴」, 「디즈니만이 하는 것」, 「픽사 스토리텔링」 등 글로벌 기업의 혁신 전략, 기업의 혁신적 사고 방법 등에 대해 다룬 책이다. 이러한 책을 보면 글로벌 기업들은 어떻게 미리 앞서 세상을 내다보고 이에 맞는 혁신적인 기술과 서비스를 기획해 내는지, 즉 미래를 내다보는 방법과 창의적인 아이디어를 떠올리는 방법들에 대한 이야기들이 나온다.

이러한 기업 분위기를 만들기 위해 어떠한 경영 전략을 펼치며 어떠한 사내 문화를 만들고 직원들 교육은 어떻게 하는지에 대한 내용도 구체적으로 다룬다. 이러한 내용은 학급 경영 전략, 학급 문화 조성, 아이들 교육에도 고스란히 적용할 수 있어 교사에게 무척 도움이 된다. 이렇게 글로벌 기업의 성공 비결을 따라 학급을 경영하고 수업을 진행하면 눈에 띄게 학생들이 성장하고 창의적으로 사고하게 되는 것을 경험하게 된다.

마지막으로 이러한 책들을 읽다 보면 글로벌 기업에서 어떠한 인재들을 원하는지 공통적인 인재상도 도출할 수 있다. 이를 통해 다시 한번 우리 아이들에게 길러주어야 할 역량을 체크하고 이러한 역량을 준비해줄 수 있는 미래형 수업을 설계할 수 있다.

2

쇼핑몰 말고
온라인 서점 단골 되기

아이들과 정신없는 하루를 보내고 나면 에너지가 쏙 빠진다. 선생님들 저마다 소진된 에너지를 끌어올리는 자신만의 방법이 있을 것이다. 필자의 경우 스트레스를 쇼핑으로 풀곤 했다. 쇼핑몰에 접속해 옷 구경을 하다보면 시간 가는 줄을 몰랐다. 입지도 않을 충동 구매한 옷들이 쌓여 가고 카드 값은 '텅장'의 주범이 되었다. 쇼핑은 하고 싶은데 돈은 아껴야 하고…좋은 방법이 없을까 하다가 온라인 서점 애플리케이션을 다운로드 받아 서점 쇼핑을 하기 시작했다. 그런데 이 온라인 서점을 둘러보는 것이 교육활동을 하는 데 있어 생각지도 못하게 도움이 많이 되었다.

온라인 서점 역시 그 어느 쇼핑몰과 마찬가지로 그 때 그 때

뜨거운 신간들이 쏟아져 나온다. 오늘은 어떤 책이 나왔는지, 어떤 책들이 베스트셀러 목록에 자리했는지를 보는 것만으로 우리 사회 전반의 관심사와 트렌드를 파악하는데 도움이 된다. 이렇게 책들을 구경하다가 마음에 드는 책을 구매하여 읽게 되면 교육활동에 관한 예상치 못한 아이디어를 얻게 되기도 한다. 또한 평소 관심을 두지 않았던 다양한 분야에 새로 관심을 두게 되며 교사 역시 융합적 소양을 쌓게 된다. 그리고 이런 다방면에 대한 독서는 수업을 설계할 때에도 하나의 주제에 대한 여러 가지 영역의 접근을 취하게 하여 수업을 더욱 풍부하게 만들어준다.

온라인 서점을 둘러보다 '그냥' 마음이 끌려 구매한 책들 중 하나로 「이어령, 80년 생각」이 있다. 필자가 일반 대학에 다니며 국어국문학을 전공할 당시 〈이상 문학상〉 시리즈에 꽂혀있었는데, 당시 이상 문학상 수상작을 선정하는 대표 심사위원이 이어령 선생님이었다. 이상 문학상을 수상한 작품들은 정말 하나같이 주옥같은 작품들인데 이러한 글을 심사하는 이어령 선생님은 어떤 분일까 막연히 궁금했다. 그렇게 해서 당시 이어령 선생님이 쓴 「디지로그」, 「축소지향의 일본인」 같은 책들을 감명 깊게 읽고 이어령 선생님의 팬이 되기도 하였다.

시간이 꽤 흘러 어찌 저찌 이어령 선생님에 대한 관심도 사그러지고 어느 덧 잊혀진 이름이 되었는데 아주 오랜만에 온라인 서점에서 '이어령'이라는 이름을 보게 된 것이다. 그리고 반가운 마음에 「이어령, 80년 생각」을 읽게 되었다. 그런데 이 책을 읽으며 우리나라의 전통, 전통문화의 의미에 대한 새로운 깨달음을 얻게 되었다. 그렇게 해서 한동안 전통문화를 접목한 수업을 설계하였다. 수업에 대한 아이들의 반응도 뜨거웠고 필자의 블로그, SNS에서 이러한 수업을 본 선생님들 역시 수업 아이디어가 기발하고 참신하다는 피드백을 주었다.

온라인 서점을 둘러보다 별 생각 없이 마음에 들어 고른 책이 교육 활동에 영향을 주었던 사례는 너무도 많다. 「그냥 하지 말라」라는 책은 바쁘게 사는 현대인들의 마음을 치유해주는 에세이인줄 알고 구매했는데 빅데이터에 관한 내용이었다. 전혀 생각지도 못한 내용이었지만 이 또한 나에게 많은 도움을 주었다. '빅데이터를 통해 도출된 향후 10년의 키워드'라는 부분을 읽고 수업 아이디어가 번뜩 떠올라 아이들과 이러한 키워드와 관련된 10년 후 사업 아이템을 구체적으로 상상해보는 수업을 했다. 또한 '빅데이터를 통해 도출된 향후 10년의 키워드'를 살피고 미래 사회에선 어떠한 윤리 문제가 발생할지 미리 예측한 뒤, 미래의 법을 가상으로 만들어보는 활동을 하기도 했다.

이렇게 온라인 서점을 둘러보며 별생각 없이 고른 다양한 분야의 책들은 그간 한쪽에 쏠려 있던 나의 시각을 틔워주고 생각의 지평을 넓혀 주었다. 교사의 시각이 넓어지고 교사가 다양한 분야에 대한 지식이 많아질수록 아이들에게 줄 수 있는 것도, 보여줄 수 있는 세상의 범위도 넓어진다. 그러니 오늘부터는 쇼핑몰 접속 시간을 줄이고 그 대신 온라인 서점을 둘러보는 것이 어떨까? 장바구니를 가득 채워 구매해도 뒤늦은 후회와 자책이 되지 않는, 오히려 마음이 가득 찬 기적의 쇼핑을 경험하게 될 것이다.

필자가 경험한 온라인 서점 쇼핑의 장점은 이 밖에도 한 가지가 더 있다. 바로 아동 도서의 트렌드도 알 수 있다는 것이다. 요즘 한 학기 한 권 읽기, 한 달 한 권 읽기, 온 책 읽기 등 독서 교육을 집중적으로 실시하는 학급들이 많다. 그러나 의외로 아동 도서를 접할 일이 없는 교사들은 책 선정에 어려움을 겪는다. 이때 평소 온라인 서점을 둘러보며 '찜'해두었던 아동 도서 목록이 꽤 도움이 될 수 있다.

아동 도서를 고를 때에도 평소 트렌드를 파악하고 있는 교사라면 보다 재미있고 좋은 책을 선택할 수 있다. 필자가 가장 최근 찜해두었던 아동 도서는 「애니캔」이라는 책이었다. 반려동물에 대한 아이들의 관심은 저학년, 고학년, 남녀 할 것 없이 매우 뜨겁다. 따라서 반려동물과 연계한 수업은 아이들 대부분이 흥미를 갖고 참여한다. 「애니캔」은 동물에 대한 인간의 극대화된 이기심을 기발한 상상력으로 다루고 있었다. 이 책을 보는 순간 바로 찜하기를 누르고 도서 구입 예산이 학급에 편성되자마자 구입하였다. 역시나 아이들이 몰입하여 읽었다. 이 책을 읽고 저출산, 비혼, 1인 가구 증가에 따른 반려동물 가구 수의 증가, 이로부터 발생되는 각종 문제들에 대해 아이들과 함께 나눴다. 인기가 식은 종들은 무참히 버려진다든가, 동물을 지나치게 혼자 있게 둔다든가 하는 문제들 말이다. 이렇게 온 책 읽기와 연계한 수업을 성공적으로 마치고 또 다른 좋은 책을 찾기 위해 오늘도 필자는 온라인 서점을 둘러본다.

3

모닝 독서,
미라클이 열린다

　독서가 중요하다는 것은 어린 시절부터 귀에 못이 박히도록 들어왔다. 그러나 온전히 책에 몰입할 수 있는 시간이 의외로 부족하다. 학창시절에는 학교 공부하랴, 수행평가 준비하랴, 학원 숙제하랴. 이렇게 학습에 매진하기에도 벅차니 책을 읽을 시간은 턱없이 부족하다. 대학생이 되어서도, 직장인이 되어서도 시간에 쫓기기는 마찬가지다. 어쩌다가 책을 펼쳐 읽는다 하더라도 연속적으로 독서가 이어지지 않으니 책 한 권을 온전히 읽어 내기란 여간 힘든 것이 아니다.

　어떻게 하면 흐름을 잃지 않고 꾸준히 독서를 할 수 있을까? 아침 시간을 강력히 추천한다. 평소보다 딱 30분만 일찍 일어나

30분만 일찍 출근해 그 시간을 독서에 할애하는 것이다. 이런 아침 독서의 효과는 곳곳에서 검증되었다. 코로나로 학교 수업이 제대로 이루어지지 않고 모두가 힘들었던 시기, 수능은 예정대로 실시되었다. 그리고 힘든 상황에서도 수능 만점자는 존재했는데 이 학생들의 만점 비결을 다루었던 뉴스 내용이 흥미로웠다. 2021년 수능 만점자 학생들 중 두 학생이 고득점 비결로 아침 독서를 꼽았다. 이 학생들은 다른 학생들보다 조금 더 일찍 등교해서 시를 읽고, 문학 작품을 읽었다고 한다. 글로벌 기업의 CEO들이 아침 독서를 한다는 사실도 익히 알려져 있다. 하루를 시작하기 전 차분한 마음으로 책을 읽는 것이 회사 경영은 물론, 삶에 많은 도움이 되었다고 밝혀놓은 책들이 많다.

필자 또한 몇 년째 아침 독서의 효과를 온몸으로 느끼고 있다. 아기를 낳으면서 그간의 생활이 송두리째 바뀌었다. 육아하랴, 집안일 하랴, 직장생활하랴…나를 위한 시간은 정말이지 쓸 시간이 없었다. 그렇게 찾아낸 틈새 시간이 바로 '아침'이었다. 거창한 '미라클 모닝'을 기대한 것도, 자기 계발의 큰 꿈이 있는 것도 아니었다. 단지 나를 위한 조금의 시간을 확보하기 위해 평소보다 30분 일찍 일어나 30분 일찍 출근했다. 그리고 그 시간을 독서로 채웠다. 그런데 조용한 아침의 30분 독서가 쌓이고 쌓여 다방면에 대한 관심과 깨달음을 주었고, 또 그것을 수업에 접목했을 때 학생들로부터 긍정적 피드백을 얻게 되니 수업에 자신감이 생겼다. 아침 30분 독서는 점점 늘어나 1시간이 되고 2시간이 되고 결국 필자는 4시30분에 일어나 5시30분에 학교에 출근하고 있다.

흐름을 끊지 않고 꾸준히 독서를 하다 보면 분명 책 읽는 매력에 푹 빠지게 될 것이다. 또한 독서를 통해 얻은 여러 가지 아이디어는 그간 시도하지 않았던 창의적이고 재미있는 수업을 만드는 데 도움이 될 것이다. 아이들은 수업에 대한 즉각적이고 긍정적 피드백을 주기 마련이다. 이러한 일련의 과정을 경험하면 독서에 더욱 몰입하게 되고 이는 계속해서 그 다음 단계의 선순환을 이끌어 낸다.

또한 이렇게 아침 시간을 이용해 읽은 책들은 독서 기록 앱에 차곡차곡 기록해둘 수 있다. 요즘은 '#독서스타그램, #북스타그램'의 해시태그 등을 통해 자신의 독서 과정을 기록하고 관리하는 사람들이 늘고 있다. 이런 수요에 맞게 독서 관리 앱들도 좋은 것들이 많은데 그 중 필자가 사용하는 것은 〈북트리〉(https://www.ibooktree.com)이다. 책장에 내가 읽은 책들이 한 권 한 권 쌓여 거대한 지식 창고를 이루어 가는 여정은 생각보다 뿌듯하다. 모닝 독서를 꼭 해보라. 미라클이 열릴 것이다.

4

트렌드와 미래를
기록하는 메모

    독서와 관련해 한 가지만 더 이야기하고 싶다. 책을 읽으며 열심히 메모하는 습관을 기르면 좋다는 것이다. 책에서 읽은 유용한 내용을 실제 교육활동에 활용하기 위해서는 중요한 내용을 필요할 때마다 쉽게 찾아볼 수 있어야 한다. 여러 권의 책, 무수히 많은 페이지들 중에서 필요한 내용만 펼쳐서 다시 살피고 수업에 적용할 수 있다. 그런데 이 많은 책들을 교실 책장에 꽂아놓기도 쉽지 않고 여러 책을 읽다 보면 나에게 지금 필요한 내용이 정확히 어떤 책에서 다루었던 것인지 기억이 뒤섞이기도 한다. 따라서 책을 읽을 때 중요한 내용들은 따로 메모하여 정리하는 것을 추천한다.

요즘은 스마트폰용 메모 애플리케이션 중 좋은 것들이 매우 많다. 그 중 필자가 사용하는 것은 〈구글 킵〉(https://www.google.com/keep)인데 해당 앱의 가장 좋은 점은 메모들을 원하는 대로 카테고리화 할 수 있다는 점이다. 책을 읽다가 예를 들어 환경 수업에 적용하면 좋을 법한 아이디어를 발견하면 바로 메모 앱을 실행한 뒤 해당 페이지를 사진 찍어 기록한다. 그 후 '환경 수업'이라는 태그를 붙인다. 다음에 다른 책을 읽다가 환경 수업과 관련된 좋은 내용이 또 나오면 이 내용 역시 사진을 찍어 메모 앱에 기록한 뒤 기존에 만들어 둔 '환경 수업' 목록에 추가한다. 이런 식으로 만들어진 목록이 '학급 놀이 아이디어', '학급경영 아이디어', '체육 활동', '협동 활동', '인공지능 교육 아이디어' 등 꽤 다양하다. 다방면의 독서가 늘고 책 속의 내용들을 하나 둘 메모 앱에 추가하기 시작하면 각 카테고리에 좋은 내용들이 켜켜이 쌓여간다.

이러한 메모 내용은 수업 아이디어 창고의 역할을 톡톡히 한다. 수업을 준비하는 과정에서 좋은 아이디어가 잘 떠오르지 않거나 수업 계획이 잘 풀리지 않을 때 메모 앱을 보는 것이 큰 도움이 된다. 내가 준비하고자 하는 수업과 관련이 있는 카테고리를 들여다보면 오래 전에 읽은 책이라 기억이 가물가물했던 내용들도 다시 한번 상기되고, '아, 맞아. 이런 내용이 있었지' 하며 미처 생각지 못한 좋은 아이디어를 발견하게 되기도 한다.

한 가지 더 메모에 대한 팁을 준다면 책에서 읽은 내용뿐 아니라 인터넷 서핑을 하며 읽게 된 뉴스, 연수에 참여하며 새로 알게 된 좋은 정보, 전시회나 미술관 혹은 여행 중에 얻은 통찰 등도 전부 메모 앱에 차곡차곡 추가하면 좋다는 것이다. 예를 들어 지속가능개발 연수에 참여해 이와 관련된 유용한 정보를 얻게 되었다면 메모 앱의 '환경 수업' 카테고리에 관련 내용을 추가할 수 있다. 이런 식으로 메모를 계속 덧붙여가다 보면 각각의 카테고리에 책, 공연, 전시, 영화, 뉴스, 체험학습 장소 등 다양한 내용들이 쌓인다.

계속해서 환경 수업을 예로 든다면, 이러한 메모를 통해 아이들에게 환경과 관련된 내용을 보다 깊이 있게 설명할 수 있고, 뉴스에서 본 흥미로운 소식들을 유튜브 영상에서 찾아 사례로 제시할 수 있으며, 환경과 관련된 좋은 영화를 보여줄 수도 있다. 또한 환경과 관련된 실제 체험학습을 떠나거나 관련 공연 또는 전시를 보러 나갈 수도 있다. 이렇게 메모 앱에 쌓인 카테고리별 메모는 하나의 주제를 수업하더라도 보다 다양한 관점에서 주제를 다룰 수 있게 하고 풍성하고 흥미로운 수업을 만들어준다.

5

딱딱한 공람 문서,
알고 보니 트렌디!

　맨 처음 기간제 교사로 근무하게 되었을 때였다. 나를 포함해 그 해 신규로 들어온 교사들은 학교 차원에서 제공해주는 신규 교사 연수를 들었다. 그 때 한 선배 교사가 공람 문서 보는 법을 알려주셨다. 모두 알겠지만 공람 문서에는 각 교육지원청이나 교육청, 학교에서 보내주는 여러 소식들과 공지들이 있다. 신규 교사 연수 때 이 공람 문서들을 꼭 읽어야 한다고 교육을 받아 서인지 나는 매일 공람 문서를 확인하고 새로운 소식이 없는지 살핀다. 그런데 교사들마다 이 공람 문서를 대하는 온도차가 있 는 듯하다. 이 문서들을 아예 확인하지 않아 미확인 문서가 100 개 넘게 쌓여있는 경우들도 있다.

교육 활동을 하다가 문득 불안해지는 순간들이 있다. 내가 아이들에게 강조하는 내용들이 혹시 나만 중요하다고 여기는 것은 아닐까? 내 개인적 관심 분야를 아이들에게 일방적으로 강요하고 있는 것은 아닐까? 지금 내가 추구하고 있는 이 교육 방향이 올바른 길일까? 하고 의문이 들 때가 그러하다. 그럴 때마다 나는 공람 문서들을 통해 나의 방향성을 다시 한 번 점검한다.

공람 문서들 중에서 주의 깊게 살펴봐야 하는 문서들은 매년 학교로 전달되는 교육 기본 계획에 관한 문서들이다. 매년 초 교육청에서는 부서별로 한 해 동안 어떠한 비전과 목표를 갖고 어떤 방법을 통해 교육을 달성하면 좋을지 계획을 발표하고 보기 좋게 문서로 정리해 공람 문서로 전송해준다.

'2022 생태전환교육 기본 계획', '2022 서울인성교육 시행 계획', '2022 인공지능·과학·메이커·영재·정보·수학교육 주요업무계획', '인공지능 기반 융합 혁신미래교육 중장기 발전 계획('21~'25)' 등의 문서들이다. 아무리 트렌드에 대해 분석한 책을 바탕으로 키워드를 선정하고 이를 중심으로 교육 활동을 전개해 나간들 기본은 국가 교육과정의 틀을 따라야 할 것이다. 그런데 독서를 통해 트렌드 분석을 제대로 했다면 대개 그 키워드들은 공람 문서에서도 똑같이 발견할 수 있을 것이다. 국가의 교육 방향 역시 그때그때 흐름을 읽고 미래를 준비하는 방향으로 나아가기 때문이다. 공람 문서를 통해 나의 교육 방향이 잘못되지 않았음을 확인했다면 이제는 마음을 편히 갖고 나의 교육에 대한 확신을 가진 뒤 교육 활동을 전개해 나가면 된다.

공람 문서 중 한 가지만 예를 들어보자. '2022 서울인성교육 시행 계획'을 살펴보면 기존에는 없었던 '환경 · 기후변화, 혐오 문화 등 사회 공동의 문제 해결과 공동체 가치를 지향하는 인성교육' 이라는 부분이 눈에 띈다. 역시나 인성교육에서도 최근 각 분야에서 이슈가 되고 있는 ESG를 중요하게 생각하고 있음을 확인할 수 있다. 또한 '2022 인공지능 · 과학 · 메이커 · 영재 · 정보 · 수학교육 주요업무계획'을 통해서는 과학, 수학 등의 교과목에서도 인공지능을 중요하게 생각하고 있음을 확인할 수 있다. 과학, 수학 등의 교과를 가르칠 때에도 이 교과들이 인공지능과 어떻게 융합될 수 있으며 인공지능에 대한 기초 소양을 쌓는데 있어 과학과 수학을 어떻게 접목할 수 있을지 염두에 두어야 함을 알 수 있다. 트렌드를 분석해 놓은 책에서 보았던 '인공지능', '융합'이라는 키워드의 중요성을 다시 한 번 확인할 수 있는 대목이다.

이렇게 공람 문서를 통해 국가 교육과정의 방향성을 확인하고 독서를 통해 파악한 트렌드 분석을 통해 교사는 기존에 교과를 가르치던 방식을 점검하고 어떻게 하면 이 교과목들에 인공지능, ESG 등을 접목해 수업할 수 있을지 고민하게 될 것이다. 그리고 이러한 고민 끝에 탄생한 수업을 접한 아이들은 자연히 미래를 준비할 수 있는 역량을 기르게 될 것이다.

공람 문서를 보는 것이 현재와 미래를 대비할 수 있는 교육에 도움이 되는 또 다른 이유는 생생한 교육 자료를 제공해주기 때문이다. 교육청이나 각 지역의 교육지원청에서는 부서별로 교육 기본 계획을 내 놓을 뿐 아니라 자신들이 제시한 기본 계획을 학교 현장에서 실제로 구현할 수 있도록 하기 위해 자료집도 발간한다. 그리고 이러한 자료집은 종이책의 형태로 학교에 보급되기도 하지만 PDF 파일 형태로 공유된다.

자료집은 학교 당 5권 내외로 제공되기 때문에 1년 동안 자료집을 참고하며 교육 활동에 적용하기에는 PDF 파일이 훨씬 편리하다. 특히 인공지능 수업의 경우 이를 처음 접하는 교사들이 많아 중요성을 알면서도 막상 수업을 시작하기에 어려운 점이 있는데 상당한 양의 자료집들이 공람 문서를 통해 공유되었다. 메이커 교육, 인성교육 등도 구체적 수업 사례를 담은 자료집을 발간하고 있어 실제 교육현장에 큰 도움을 준다.

이 뿐이 아니다. 최신 트렌드를 반영한 교육 플랫폼 서비스에 대한 소식도 공람 문서를 통해 얻을 수 있다. 각 교육청은 어떻게 하면 지금 화두가 되고 있는 각 분야의 이슈들을 교육에 도입하여 현장에 보급할지 고민한다. 직접 서비스를 개발하기도 하고 기업과 제휴를 맺어 서비스를 제공하기도 한다. 예를 들어 서울시교육청은 각 학교에서 인공지능을 활용해 영어 공부를 할 수 있도록 'LG CNS'와 제휴를 맺었고, 인공지능을 활용해 학생들에게 맞춤형 수학 학습을 제공할 수 있도록 '웅진씽크빅', '클래스팅'과 제휴를 맺어 이를 각 교사들이 활발히 사용할수 있도록 공람 문서를 통해 소식을 공유했다. 당장 오늘만 하더라도 공람 문서를 열어보니 '서울 수학학습 메타버스 사용 안내'라는 소식이 도착해있다. 미래교육을 하겠노라 마음먹고 공람 문서에 있는 소식들만 잘 쫓아가도 활용할 수 있는 자료들이무궁무진하니 항상 문서함을 꼼꼼히 확인해보고 자료들을 다양하게 활용해보자.

마지막으로 소개할 공람 문서의 장점은 바로 교사 및 학생 교육 프로그램 소식을 알 수 있다는 점이다. 각 청에서 부서별로교육 기본 계획을 발표하고 이를 지원할 학습 자료와 플랫폼을제공했다면 교사 연수와 학생 교육프로그램으로 그 코스를 마무리한다고 볼 수 있다. 교사는 교사 연수를 통해 보다 심층적정보를 얻고 전문성을 기를 수 있으며, 학생들에게는 학생 교육프로그램을 통해 교실 밖을 벗어나 생생한 체험을 할 수 있도록기회를 마련해줄 수 있다,

교사가 전문성을 갖고 아이들에게 교육 활동을 직접 하는 것도 좋지만 때로는 교실을 벗어나 색다른 공간에서의 경험을 주고 다른 전문가에게 배울 기회를 제공하는 것은 아이들에게 큰도움이 된다. 필자는 공람 문서에 학생 체험 프로그램 소식이 올

라오면 무조건 신청한다. 작년에는 아이들과 과학 전시관에 다녀오기도 하고 삼성에서 진행하는 소프트웨어 아카데미 수업에 다 같이 참여하기도 했다.

특히 추천하는 교사 연수 및 학생 프로그램은 과학전시관에서 운영하는 프로그램들이다. 매해 초 공람 문서로 그해 예정된 교원 연수와 학생 교육 프로그램이 무엇인지 일정을 미리 알려준다. 목록에 제시된 프로그램들을 보면 '적정기술을 활용한 생태전환교육', '지속가능발전을 위한 생태전환교육', 'AI 융합 프로젝트 수업', '빅데이터 수업과 만나다', '첨단 과학기자재 활용' 등 최근 이슈가 되고 있는 내용을 교육에 접목해 놓은 것들이 많다. 그러니 오늘부터는 공람 문서를 적극 활용하고 또 활용해보자.

6

트렌드와 미래를 연구하는
교사들의 모임

'모르는 게 약이다'라는 우리 말 속담이 있다. 요즘 들어 이 속담의 의미가 무척 와 닿는다. 차라리 모르면 나을 것을, 미래 교육을 연구하고 좋은 수업을 고민하고 공부하다 보니 그만큼 아이들에게 해주고 싶은 것도, 배우고 싶은 것도 많아진다. '팅커캐드(Tinkercad)[3]를 배워 아이들에게 3D프린팅 수업도 해주고 싶고, 아이들의 작품을 민팅(Minting)[4]하여 'NFT(Non-Fungible

---

3) 오토데스크(Autodesk) 사에서 선보인 초보용 무료 온라인 캐드(CAD)이자 3D 프린팅 앱이며, 오토데스크 사에서 제공하는 솔루션중 가장 최하위권에 속하는 캐드로 저학년 학생 교육을 목적으로 한 캐드이다

4) 원래 민팅(minting)이란 동전과 같은 법정화폐를 주조할 때 주조의 뜻을 가진 단어로 마인팅(miniting)으로도 불린다. 대체불가능토큰(NFT)에서 블록체인 기술을 활용해 디지털 콘텐츠에 대해 대체불가능한 고유 자산 정보를 부여해 가치를 매기는 작업을 말한다.

Token)[5]'로 만든 뒤 온라인 마켓에 올려보는 수업도 해주고 싶고, '메타퀘스트2(Meta Quest 2)[6]'의 사용법을 완벽히 익혀 아이들에게 실감나는 가상현실 수업도 해주고 싶고, '앱인벤터(App Inventor)[7]'도 제대로 배워 아이들과 인공지능 애플리케이션도 만들어 보고 싶다. 최근에는 챗GPT를 활용한 교육이 무척 핫하다.

그러나 하루하루 아이들의 수업을 준비하고 학교 업무를 처리하고 육아, 집안일 등 개인적인 일들을 하다 보면 '팅커캐드'든, 'NFT'든, '앱인벤터'든, '챗GPT'든, 진득하게 배우고 연구할 시간이 부족하다. 게다가 서비스 출시 주기는 왜 이리 빠른지 하나를 기껏 배워두면 또 다른 새로운 것이 등장하고, 가까스로 그것을 익히고 나면 또 다른 새로운 것이 등장한다. 또한 이러한 새로운 서비스 출시에 대한 소식은 가만히 앉아 있는다고 누가 떠먹여 주는 것이 아니다. 새로 출시되는 각종 앱, 프로그램 소식 등을 접하고 교육에 접목하기 위해선 이러한 정보 역시 발품을 팔아 적극적으로 찾아야 한다.

새로운 소식에 귀 기울이랴, 활용 방법에 관한 정보도 찾아 시

---

5) NFT(Non-fungible token, 대체 불가능 토큰) : 블록체인 기술을 이용해서 디지털 자산의 소유주를 증명하는 가상의 토큰(token)이다. 그림·영상 등의 디지털 파일을 가리키는 주소를 토큰 안에 담음으로써 그 고유한 원본성 및 소유권을 나타내는 용도로 사용된다. 즉, 일종의 가상 진품 증명서.

6) 오큘러스(Oculus)에서 출시한 최신 VR 디바이스.

7) Java,C등의 복잡한 프로그래밍 언어들과 다르게 안드로이드 앱을 쉽게 만들 수 있는 사이트

행착오를 거치며 익숙해질 때까지 연습하라, 수업에 접목할 아이디어 생각하라···. 혼자 하기에는 너무도 벅찬 과정이다. 그러나 다양한 교사 모임에 참여해 여러 선생님들과 힘을 합한다면 이야기는 달라진다. 전국에는 열의가 넘치는 교사들로 구성된 다양한 연구회들이 있다. 이러한 연구회에 가입해 활동하는 것은 무척 도움이 된다. 가입비가 있는 경우도 있지만 없는 경우가 대다수이며 가입비가 있는 경우라 하더라도 1년에 만 원정도로 액수가 부담되지 않는다. 연구회를 통해 얻어가는 것을 생각하면 오히려 만 원이라는 액수는 감사하기까지 하다.

내가 배워보고 연구하고 싶은 분야가 있으면 관련 연구회를 온라인에 검색할 수 있다. 그러나 대부분의 연구회는 별도의 홈페이지를 만들지 않고 소모임 위주로 이루어지 때문에 온라인 포털 사이트 보다는 네이버 밴드, 카카오톡 오픈 채팅방 검색을 해보는 것을 추천한다. 또한 직무연수, 자율연수 등을 안내하는 공람 문서, 혹은 내부메일이 오면 발신인에게 직접 연락을 취해보는 것도 좋은 방법이다. 대부분의 연수는 교원학습공동체, 연구회 등의 단체에서 이루어지는 경우가 많아 연수를 안내한 발신인에게 직접 연락을 해 모임 가입 문의를 하면 친절히 안내해줄 것이다.

또한 교사 커뮤니티에 다소 이름이 알려진 분들 중에는 단체에 가입되어 있는 경우가 많다. 그러한 분들은 개인 블로그,

SNS 등을 운영하는 경우도 많아 쉽게 연락이 닿을 수 있다. 내가 관심 있고 배우고 싶은 분야에서 활발히 활동을 하고 있는 선생님을 찾아 직접 연락을 하면 해당 선생님이 참여하고 있는 단체에 가입하여 함께 연구할 수 있을 것이다.

또 한 가지 적극 추천하고 싶은 것은 교육청 사업에 지원해 참여해보는 것이다. 공람 문서를 살펴보면 'AI 선도 교사단', '에듀테크 선도 교사단' 등 교사 연구회 모집 소식을 접할 수 있다. 물론 이러한 연구회는 경쟁이 치열해 선발되는 것이 쉽지는 않다. 필자 역시 여러 번의 문을 두드린 끝에 합류할 수 있었다. 만약 이러한 교육청에서 운영하는 교사 연구회에 참여하고 싶다면 관련 분야의 이력을 차곡차곡 쌓아놓는 것이 좋다. 이러한 연구회는 대부분 매년 초 모집 공고가 올라온다. 만약 내년 3월 모집 공고에 도전을 하겠노라 마음을 먹었다면 그 전년도부터 이를 염두에 두고 차근차근 준비를 하는 것이다. 1년 동안 아이들과 수업한 내용을 꼼꼼히 기록해 둔다든지, 아이들과 했던 대표 수업을 공모전에 출품하여 수상을 한다든지, 유튜브 채널을 개설하고 적극적으로 이를 키운다든지, 관련 도서를 출판한다든지 여러 가지 방법이 있을 수 있다.

교육청 사업에 참여하는 것이 좋은 이유는 먼저 함께 정보를 나누고 공유할 수 있는 교사의 폭이 엄청나게 넓어진다는 점이다. 현재 '2022 AI 교육 선도 교사단' 단체방에는 장학사를 포함해 서울시교육청에 소속된 열정 가득한 교사 136명이 있다. 이러한 단체방에서 회원들은 수시로 정보를 공유할 수 있고 모두 모여 양질의 연수를 듣거나 수업 사례 공유 기회를 가진다. 이러한 각종 만남을 통해 선생님들끼리 서로 안면을 트고 내가 특히 관심 있는 분야를 연구하는 선생님에게는 개인적으로 연락을 하기도 하며 인맥을 넓혀가는 것이다.

필자는 여름에 '에듀테크 선도 교사단' 연수를 다녀왔다. 이 때 서울 북부에서 근무하는 한 선생님이 메타버스를 집중적으로 연구하고 있다는 사실을 알게 되고 따로 연락을 취해 일대일 연수를 받게 되었다. 그리고 이 분이 활동하고 있는 '메타버스 교육 연구회'에도 가입할 수 있었다. 필자 역시 이 선생님을 필자가 소속되어 있는 'ICT 연구회'에 가입할 수 있도록 도왔다. 필자는 메타버스 교육에 관심이 있었으나 혼자 하기에는 너무 버거워 어려움을 겪고 있었는데 메타버스 연구회를 통해 수시로 그 곳의 선생님들과 정보를 나누고 매 달 한 번씩 정기 모임을 가지며 큰 도움을 얻고 있다.

필자가 속해있는 '인공지능 연구회' 역시 교육청 사업에 참여하며 가입하게 된 연구회이다. 'AI 선도 교사단'으로 선발되어 그곳에서 여러 선생님들을 만나게 되었는데 그 중 한 분이 인공지능 연구회를 운영하고 계셨던 것이다. 그 분을 통해 교사 연구회에 가입하게 되었고 이를 통해서도 역시나 많은 도움을 받왔다. 아이들과 인공지능 수업 프로젝트를 준비할 때 코딩에서 막히는 부분이 있어 같은 연구회에 소속된 중등 정보 교과 선생님을 찾아가 문제를 해결하기도 했고, 연구회에서 진행하는 '엔트리(Entry)'[8] 수업에 매주 1회씩 참여해 엔트리를 보다 깊게 배우기도 했다.

마지막으로 추천하고 싶은 것은 대학원 진학이다. 대학원 역시 함께 수업을 듣는 교사들 간에 활발한 커뮤니티가 형성되고 이곳에서 적극적인 정보 공유와 스터디가 이루어진다. 대학원 진학이 좋은 또 하나의 이유는 대학원 수업을 지도하는 교수를 중심으로 다양한 교육청 프로젝트, 기업 연계 프로젝트들이 진행된다는 점이다. 교육청과 기업에서 교수에게 프로젝트를 의뢰하면 교수는 이를 함께 진행할 대학원생들을 모집하는 형식이다.

이러한 각종 프로젝트에 참여함으로써 교수 및 교육학자, 교육과 관련된 다양한 기관의 관계자, 대학원 동기들과 활발한 정보 공유 및 협업을 통해 결과물을 만들어 낼 수 있다. 또한 이러한 결과물은 나의 소중한 이력이 되기도 한다. 필자는 대학원 진학을 통해 EBS 이숲의 '인공지능 콘텐츠 개발', 한국과학창의재단 'ESD 수업 사례 개발', 한국교원연수원 '에듀테크&인공지능 연수 콘텐츠 개발'에 참여하였다. 대학원에 다니는 다른 동

---

8) 블록을 끼우는 방식으로 코딩할 수 있는 그래픽 기반 프로그램. 네이버 커넥트재단에서 개발하고 운영하는 비영리 소프트웨어 교육 플랫폼을 의미하기도 한다.

료 교사들의 사례를 보더라도 교수를 주축으로 교과서 집필에 참여한 선생님, 시중에 출판되는 도서 집필에 참여한 선생님 등 대학원을 통해 좋은 기회를 경험한 교사들을 많이 볼 수 있었다. 한편 이러한 각종 활동에 참여 하게 되면 각 기관의 담당자들과도 새로운 인맥을 형성하게 되고 좋은 프로젝트가 있을 때 개별 연락을 받게 되기도 한다. 그렇게 꼬리에 꼬리를 물고 더 많은 연구 및 프로젝트 참여 기회가 열리고 교사로서의 전문성을 신장할 수 있는 계기가 마련된다.

7

학교를 벗어나
학교 밖으로 눈을 돌려라!

　일반 대학교에 재학할 당시 필자는 다양한 곳에서 인턴십 경험을 했다. 삼성물산, 코리아헤럴드, 스포츠조선, 중앙m&b, 국회의원실 등에서 인턴으로 일하며 현장의 분위기를 몸소 느낄 수 있었고 사람들이 어떻게 일하는지 생생하게 관찰할 수 있었다. 또한 대기업의 사원들, 기자, 언론사 편집장, 국회의원 비서관, 보좌관, 국회의원 등 여러 직종의 사람들과 대화를 나눌 기회들도 많았다.

　어디 이 뿐인가. 특히 언론사 인턴을 했을 때에는 다양한 직군의 인물들을 인터뷰할 기회가 많아 기상캐스터, 조향사, 브랜드 마케팅 매니저 등을 만나 이야기를 나누고 또 그들이 일하는 회사도 둘러볼 수 있었다. 중앙m&b 잡지사 인턴을 할 때 역시 연예인, 모델, 스타일리스트, 메이크업 아티스트, 포토그래퍼, 세트 스타일리스트(화보 촬영을 위한 배경, 소품 등을 세팅하는 일) 등 다양한 분야의 사람을 만나 그들과 교류하며 새로운 세상을 알게 되었다.

이러한 경험은 넓디넓은 세상에 비하면 작은 일부분에 지나지 않겠지만 그럼에도 불구하고 내가 살던 동네, 내가 다니던 학교 주변에만 국한되어 있던 좁은 시야를 트이게 해준 값진 계기가 되었다. 나를 둘러싼 내 주변을 넘어 내가 모르는 세계가 이 세상엔 어마어마하게 많다는 것, 오늘도 사람들은 각자의 자리에서 고군분투하고 있다는 것, 또 저마다 열정을 쏟고 힘을 기울여 일하는 분야가 셀 수 없이 많다는 것을 생생하게 느낄 수 있었다.

이러한 다양한 세상을 직접 경험하고 그 속의 사람들을 만나 교류하는 일은 단순히 세상을 글로 배우고 사진과 영상으로 간접 경험하는 것과는 차원이 다르다. 직접 경험의 효과를 몸소 체험한 탓인지 틈만 나면 아이들을 데리고 밖으로 나가고 싶어진다. 현실적 제약으로 인해 아이들을 직접 데리고 나가기 어려운 경우라도 어떻게든 진짜 세상과 그 속의 사람들을 아이들과 연결시키려 노력한다.

직접 학교에서 혹은 SNS를 통해 다른 선생님들이 아이들을 교육하는 모습을 보면 대개 교사의 시각은 학교 안에 머물러 있음을 알 수 있다. 아이디어가 기발한 재미있는 수업, 의미 있는 프로젝트 수업 등 좋은 수업을 하는 교사가 많지만 아쉬운 점은 모두 이러한 수업이 교실 내에서 끝난다는 것이다. 전교생을 대상으로 하는 프로젝트 수업 등으로 수업의 범위를 좀 더 넓혀 본다 하더라도 결국 학교 안을 벗어나지는 못한다.

필자는 더 좋은 수업을 고민하고 실생활 연계 수업에 목마른 교사들에게 과감히 눈을 학교 밖으로 돌려볼 것을 제안하고 싶다. 환경 수업을 예로 들어보자. 최근 전 세계가 ESG에 관심을 두고, 학교 역시 이에 대해 중요하게 인식하다 보니 교과와 연계한 다양한 환경 수업이 이루어지고 있다. 아이들이 환경오염의 심각성을 느껴 문제 해결 의지를 불태울 수 있도록 다양한 시각 자료, 도서 등을 이용해 동기를 유발하고 다양한 해결책을 모색해 직접 실천까지 할 수 있도록 수업을 설계한다.

그런데 아이들이 진짜 환경오염의 심각성을 체감하고 이러한 문제를 실질적으로 해결할 수 있는 창의적인 아이디어를 내도록 하려면 오염이 심각한 현장에 직접 가보는 것이 가장 좋다. 또한 이러한 환경오염에 대해 보다 전문적으로 이야기해줄 수 있는 현장 전문가를 만나 이야기를 직접 들어보고, 실제로 이러한 오염을 해결하기 위해 현장에선 어떠한 기술 개발을 하며 어떤 노력을 하고 있는지 눈으로 직접 보고 현업에서 일하는 사람들의 이야기를 직접 들어보는 것이 가장 좋다.

생생한 현장 목격을 통해 문제의 심각성을 온 몸으로 느끼고, 이러한 문제를 해결하기 위해 치열하게 기술을 개발하고 열정을 쏟는 현업의 사람들을 직접 만날 때 아이들은 확실히 문제에 몰입하고 구체적이고 창의적인 문제 해결 아이디어를 떠올릴 수 있다. 또한 이러한 경험을 통해 환경오염을 진짜로 해결해 공동체 삶에 이바지하는 인재가 되고 싶다는 열정을 불태우고 자신의 미래에 대한 설계도 구체적으로 할 수 있다.

물론 학급 차원에서 체험학습을 가는 것이 쉬운 일은 아니다. 동학년의 다른 학급들과의 분위기도 맞춰야 하고, 체험학습을 갈 때의 교통 문제, 학생 안전 문제, 관리자의 허락이 쉽지 않은 문제, 예산 문제 등 여러 가지 장애물이 발생한다. 그러나 이러한 장애물에 부딪쳐 학교 안으로만 시선을 가둘 것이 아니라 학교 밖으로 시선을 돌려 어떻게든 실생활과 나의 교실, 그리고 학생들을 연결하려는 교사의 태도가 중요하다. 실제 실행까지 가기엔 현실적인 어려움이 있다 한들 학교 밖 세상을 보는 넓은 시야를 가진 교사와 그렇지 않은 교사 사이에는 분명 차이가 존재한다. 평소 어떻게든 학교 밖 세상과 나의 교실, 그리고 그 속의 아이들을 연결하고자 노력하는 교사는 결국 방법을 찾아내기 마련이다.

앞서 언급했듯 가장 좋은 방법은 아이들을 데리고 현장을 직접 경험하게 하는 것이다. 필자의 경우 이를 가능케 하기 위해 A4 몇 장 분량으로 수업 의도, 수업 계획 등을 명확히 밝히고 관리자의 허락을 구한 뒤 학급 체험학습을 떠난다. 그러나 이는 필자에게도 역시 부담이 되는 터라 한 학기에 한두 번 정도밖에 하지 못한다. 이를 보완할 수 있는 방법을 찾다 보니 의외로 여러 가지 가능한 방법들이 있었다.

첫째, 외부 강사를 교실로 초대하는 방법이다. 앞서 들었던 예를 계속해서 사용하자면 환경 수업을 설계할 때 이와 관련된 인사를 직접 교실로 초청하는 것이다. 환경과 관련해 생생한 사례를 소개해주고 현재 환경 문제를 해결하기 위해 개발되고 있는 기술에 관해 상세히 이야기해줄 수 있는 전문가를 교실로 초대하는 것이다. 이러한 인물을 찾아 교사가 개인적으로 연락한 뒤 일정을 정하고 학교 관리자의 허락을 얻은 뒤 내부결재를 받으면 어렵지 않게 전문가를 교실로 초대한 적이 있다. 이런 방식으로 '원데이클래스(One-day Class)'도 가능하다. 교사가 계획한 환경 수업 중 이면지를 활용한 재활용 공책 만들기, 이면지를 활용한 종이죽 공예품 만들기 등의 내용이 있을 시 이를 잘 가르쳐줄 수 있는 강사를 섭외해 교실로 초대할 수 있다. 구체적 수업 장면을 소개하는 3장에서 다루겠지만 필자는 실제로 이러한 방식으로 수업과 관련된 전문가를 교실에 섭외해 아이들이 수업 주제와 관련해 보다 생생한 이야기를 듣고 수업 주제에 몰입할 수 있도록 하였다. 교사 역시 전문가를 초대해 이야기를 듣는 과정에서 그동안 알지 못했던 내용을 새롭게 알게 된다. 또한 추후 수업을 진행해나가는 과정에서 궁금한 점 등을 전문가에게 문의하고 답을 얻으며 양질의 수업을 만들어나갈 수 있다.

두 번째 방법은 지역 사업에 참여하는 것이다. 학급에서 아이들과 함께 수업하고 문제해결을 위해 열심히 생각한 아이디어가 실제 우리 사회를 변화시키는 데 도움이 된다면 이것이야말로 학교 내의 배움이 실제 생활과 연계된 수업일 것이다. 이러한 경험을 한 아이들은 자신들이 학교에서 배운 내용이 실제적이고 유용하다는 인식을 하게 되며 학습 동기를 극대화하게 된다. 또한 자신들의 노력이 세상에 보탬이 됨을 경험함으로써 보다 적극적으로 내 주변과 우리 삶에 대해 관심을 가지고 이를 해결하기 위한 창의적 아이디어를 떠올리게 되며 해결 의지를 불태우게 된다.

그런데 이렇게 학급에서 수업한 내용을 실제 삶에 연결할 수 있는 다양한 지역 사업 및 공모전이 찾아보면 의외로 많다. 가장 추천하는 방법은 학교가 소재한 지역 사업 공모에 아이들이 직접 참여하는 일이다. 필자는 이러한 사업 공모 소식을 블로그를 통해 얻는다. 학교가 소재한 지역이 예를 들어 서울시 강서구라면 강서구청의 블로그를 찾아 구독하고 소식을 받는 것이다. 이러한 소식을 살피다 보면 우리 학급 학생들과 참여할만한 좋은 프로젝트를 발견할 수 있다. 이러한 프로젝트는 아이디어가 채택되면 그 결과물이 실제 학생들이 사는 동네에 반영되므로 아이들이 매우 즐거워하고 교육 효과 또한 크다는 장점이 있다. 학생들이 사는 지역의 사업 공모뿐 아니라 교육부, 한국방송통신위원회 등 다양한 국가 기관 및 민간 기관·기업에서도 학생들이 참여할 수 있는 공모 소식을 많이 내니 이러한 기관의 홈페이지를 수시로 방문하거나 블로그, SNS 등을 구독해 적극 소식을 받아보도록 하자.

세 번째로 추천하고 싶은 방법은 크라우드 펀딩(Crowd Funding)이다. 보통 기업이나 스타트업 회사들은 자신들의 아이디어를 실제 구현하기 위해 각 기관에서 투자를 유치한다. 자신들이 가진 자금만으로는 아이디어를 연구, 개발하고 실제 제품 또는 서비스 생산 및 마케팅, 유통 등 전 과정을 커버할 수 없기 때문이다. 그런데 요즘은 이런 회사들뿐 아니라 개인도 아이디어만 있으면 쉽게 투자를 받아 아이디어를 실현할 수 있다. 이를 가능케 하는 통로가 바로 크라우드 펀딩이다. 크라우드 펀딩에서 '크라우드'는 대중(Crowd)를 뜻한다. 텀블벅(https://tumblbug.com/), 와디즈(https://www.wadiz.kr) 등 크라우드 펀딩 플랫폼에 아이디어를 올리고 이러한 아이디어에 공감하는 대중들의 자금을 투자받아 아이디어를 실제로 실현할 수 있다. 이러한 크라우드 펀딩을 활용해 학급에서 아이들과 진행한 프로젝트 수업에서 제시된 아이디어를 대중에게 투자 받아 실제 실물 또는 서비스로 제작할 수 있다.

학생들이 알지 못하는 이 세상의 누군가가 우리들의 아이디어에 공감해 실제 돈을 투자하고 이렇게 모금된 돈을 통해 실제 상품 또는 서비스를 만들어 그들에게 제공하는 과정은 아이들에게 그야말로 생생한 실생활 경험을 가능케 한다. 이 역시 다음 3장에서 자세히 다루겠지만 필자의 수업에서 크라우드 펀딩을 통해 수업을 진행했을 때 학생들이 제작한 상품을 받은 투자자들이 여러 후기를 남겨주기도 했고 학생들에게 고마운 마음을 표현하기도 했다. 학생들은 이를 통해 교실에서 우리들이 고민하고 해결방안으로 제시한 아이디어가 실제 누군가에게 닿아 영향을 미치고 세상을 조금이라도 바꾸는데 기여했음을 체감하고 매우 놀라워했으며 감격하기도 했다. 이러한 경험을 많이 할수록 아이들은 세상의 여러 문제를 해결하고 세상을 긍정적으로 바꾸기 위해 진지하게 아이디어를 고민하고 적극적으로 아이디어를 실현하려 노력하게 된다. 또한 앞으로의 진로를 찾아가는 데 있어서도 단순히 교과서 공부에 머무는 것이 아니라 배운 지식을 활용해 실제 문제를 해결할 수 있는 진취적인 태도를 가지게 된다.

마지막으로 소개하고 싶은 방법은 바로 봉사와 기부에 참여하는 것이다. 기부 역시 학생들이 직접 행동을 취해 누군가에게 실질적인 도움을 주는 것으로 이러한 과정에서 학생들은 생생한 삶을 경험할 수 있으며 자신들의 행동이 실제 세상에 영향을 줄 수 있음을 경험할 수 있다. 수업 시간에 다룬 주제와 관련된 학교 주변의 기관을 찾아 실제 봉사활동을 하러 갈 수도 있고 환경적 제약에 따라 실제 봉사가 어렵다면 관련 기관을 찾아 기부에 동참하는 방법을 택할 수도 있다.

이러한 수업을 진행할 때 참고하기 좋은 사이트를 추천하자면 단연 네이버 해피빈(https://happybean.naver.com)이다. 네이버 포털에서 해피빈을 검색해 홈페이지에 접속하면 상단 메뉴에서 다양한 탭을 발견할 수 있다. 봉사 활동과 관련된 탭을 보면 환경과 관련된 활동, 어르신 돕기, 기아, 미술 재능 기부, 장애인 봉사 등 많은 단체를 찾을 수 있고 각 단체에서 진행하는 '건강도, 환경도 지키는 초록 지구 만들기 플로깅(Plogging) 봉사', '세계 환경의 날 맞이 금쪽같은 우리 지구 DIY 봉사', '배움 열정 뿜뿜! 어르신을 응원하는 필통 만들기 봉사' 등의 여러 활동을 찾을 수 있다. 이러한 활동들 중 학급에서 진행 중인 프로젝트와 관련이 있는 활동을 골라 아이들과 참여하면 의미 있는 수업이 될 것이다.

기부 메뉴를 클릭해도 진행 중인 다양한 기부 활동에 대한 정보를 얻을 수 있다. 상단의 '기부' 탭을 클릭하면 아동 · 청소년, 어르신, 장애인, 다문화, 지구촌 등 다양한 분야의 모금함이 나온다. 이 중 학급에서 진행 중인 프로젝트와 관련된 분야를 클릭하고 구체적으로 무엇을 위해 돈을 모금하는 것인지 확인 후 기부에 참여할 수 있다. 보통 사람들이 기부를 망설이는 이유가 나의 기부금이 정확히 어떤 곳에 쓰이는지 알 수 없고 진짜 그 돈이 그곳에 잘 쓰였는지 확인하기 어렵기 때문이다. 그런데 해피빈의 모금함에선 정확한 단체의 명, 어떤 것을 위해 모금을 하고 있는지 정확한 모금 목적, 현재 모금에 참여한 사람 수, 금액 등을 상세히 볼 수 있고 추후 모금이 완료되었을 때 어떻게 사용되었는지까지 확인할 수 있어 보다 신뢰할 수 있다.

또한 해피빈은 직접 현금으로 기부를 할 수도 있지만 '해피빈 콩'으로도 기부할 수 있어 부담이 덜해 학생들이 쉽게 참여할 수 있다는 장점이 있다. 해피빈 사이트에선 '해피빈 콩' 모으는 방법도 자세히 소개하고 있는데 네이버 쇼핑 구매평 작성, 네이버 블로그 글쓰기, 네이버 카페 글쓰기, 지식인 답변 채택받기, 해피빈에서 진행하는 캠페인 미션 참여하기 등을 통해 모을 수 있다. 학급 아이들과 진행 중인 프로젝트에 관련된 지식인 질문을 찾아 직접 답변을 남김으로써 콩을 모을 수도 있고 학급에서 프로젝트 주제와 관련한 블로그 또는 카페를 개설한 뒤 그곳에 글을 쓰며 콩을 모을 수도 있다. 또한 이렇게 콩을 모으는 과정 또한 프로젝트 수업과 연계할 수 있고 이러한 과정 역시 실제 세상을 직접 경험하고 실제 삶과 소통하는 과정이므로 아이들에게 의미 있는 수업이 될 것이다. 이러한 일련의 과정들을 통해 학생들은 우리 주변 문제들에 관심을 기울이게 되고 또한 이러한 문제를 해결하는 과정에서 자신감을 갖게 되며 문제 해결에 대한 적극적 태도를 기르게 된다.

그동안 필자는 해피빈을 주로 방문하였는데 최근 '카카오같이가치(https://together.kakao.com)'에도 자주 방문하며 여러 가지 소식을 접하고 있다. '카카오같이가치' 역시 네이버 해피빈과 마찬가지로 여러 분야에 대한 기부, 행동 카테고리가 있다. '카카오같이가치'의 여러 메뉴 중 '마음날씨'라는 탭은 학급에서 학생들과 할 수 있는 유용한 콘텐츠들이 많아 특히 추천하고 싶다. 나의 행복, 삶의 가치, 성격 등과 관련한 재미있는 테스트, 명상 콘텐츠, 힐링 사운드도 제공하고 있다.

8

미래를 수업하는
트렌디한 교사가 되기 위한 연구와 도전

　필자가 작년에 근무했던 학교는 교생 실습 학교였다. 필자가 속한 학년에서는 옆 반이 교생 실습 운영 학급이었다. 1년에 총 3번의 실습생들이 다녀가는 동안 실습생들에게 보여줄 수업을 준비하느라 옆 반 선생님은 녹초가 되었다. 옆 반 선생님은 학기 초만 해도 내년에는 절대 교생 실습 학급을 맡지 않겠다고 하였는데 학기 말에는 교생 실습을 꼭 맡아보라며 적극 추천하였다. 좋은 수업을 공개하기 위해 시간을 들여 치열하게 연구를 했는데 그것이 교사로서의 큰 성장을 이루게 해주었다는 것이다. 수업에 많은 시간을 들이니 그만큼 아이들도 좋아해주고 가르치는 사람도 신명나고 이러한 과정을 경험하니 다시 수업에 시간을 쏟게 되고 또 다시 좋은 피드백이 오고 그야말로 선순환의 연속이었다고 한다. 이러한 말씀을 하시는 옆 반 선생님이 참 행복해보이기도 했다.

열심히 준비한 수업에 아이들이 집중하고 열렬히 호응할 때 그 때의 기쁨과 행복을 교사라면 한 번쯤 느껴보았을 것이다. 그러나 좋은 수업을 만들어내기까지에는 많은 연구와 준비, 그리고 손품과 발품이 필요하다. 그래서 때때로 우리 교사들은 현실과 타협해 그냥 편한 수업을 하고 싶다는 생각, 누군가 만들어 놓은 수업안과 수업 자료를 살짝만 수정해 쉽게 수업하고 싶은 마음이 들기도 한다. 이럴 때에는 스스로를 채찍질해주고 수업 연구에 대한 지속적인 열정과 자극을 부여해줄 처방이 필요하다.

이에 필자는 연구대회, 공모전 등 각종 대회에 도전해볼 것을 추천한다. 연구대회라는 것에 관심을 가지고 첫 출품을 하게 되었던 것은 발령 2년차 때였다. 당시 1학년 담임을 맡았을 때였는데 열심히 준비한 수업, 그로 인한 아이들과의 교감, 즐거운 수업 분위기, 눈에 띄는 아이들의 성장…이러한 일들이 나와 아이들 선에서 끝나버리는 것이 무척 아쉬웠다. 이러한 수업을 더 널리 알릴 수는 없을까 하고 정보를 찾던 중 알게 된 것이 바로 연구대회였다.

평소 수업 준비를 워낙 열심히 하니 이왕이면 이렇게 공들여 준비한 수업을 대회에도 출품하여 상까지 받을 수 있다면 일석이조이겠구나 하는 생각이 들었다. 그렇게 연구대회를 알게 되고 연구대회도 염두에 두며 수업을 설계하기 시작했다. 대회를 준비하다 보니 확실히 수업 준비에 나태해질 틈이 없었다. 보통 연구대회 공고는 1월~2월쯤 학기를 시작하기 전 공람 문서로 게시된다. 이 때 연구계획서를 작성해 제출하고 3월부터 연구 계획에 따라 수업을 진행하여 11월~12월쯤 보고서를 제출하는 방식이다. 이렇게 대략 1년의 기간을 두고 진행되는 대회다 보니 학기가 진행되는 내내 제출한 연구 계획에 따라 짜임새 있고 계획성 있는 수업을 구성할 수 있다. 이렇게 연구대회를 몇 번 준비하고 나면 비단 대회를 염두에 두지 않더라도 학기가 본격적으로 시작되기 전 1년 치 커리큘럼을 미리 세우고 그에 따라 계획성 있는 수업을 하는 것이 습관으로 굳어진다.

또한 연구대회를 준비하다보면 좋은 수업을 위해 다방면으로 고민하고 준비하는 연습을 하게 된다. 좋은 수업을 위해서는 수업 그 자체뿐 아니라 이를 도울 수 있는 물리적 환경구성, 생활지도, 학급경영 등 여러 가지 요소를 고려해야 함을 깨닫기 때문이다. 이 모든 요소들이 제각각 따로 노는 것이 아니라 하나의 목표를 이루기 위해 유기적으로 조직되어야 함을 알고 실제 이러한 방식으로 1년간 학급을 운영하였을 때 목표가 확실히 잘 이루어짐을 경험하게 된다. 연구대회의 보고서 형식은 대부분

연구목표를 달성하기 위해 수업, 생활지도, 환경구성, 학급경영 등 개별 요소의 내용을 어떻게 구성하였으며 각 요소를 어떻게 짜임새 있게 조직하였는지 보여주도록 되어 있다. 필자는 이렇게 대회를 준비하고 보고서를 작성하며 배운 경험을 통해 매 학기 초 1년간 달성할 하나의 큰 목표를 정하고 이에 이르기 위한 수업, 생활지도, 환경구성, 학급경영 등 각각의 내용 요소를 어떻게 연결해나갈 것인지 구체적인 계획을 세우는 것이 습관이 되었다. 이는 매년 짜임새 있는 학급운영에 큰 도움이 된다.

마지막으로 연구대회를 추천하는 이유는 대회를 준비하는 동안 좋은 수업 사례를 꼼꼼히 살펴보고 이를 통한 배움을 얻을 수 있다는 점이다. 연구대회 준비의 시작은 이전 수상작들을 자세히 살펴보는 것에서부터 출발한다. 앞선 수상작들은 어떤 주제를 연구했으며 어떤 방식으로 수업을 진행하고 보고서를 작성하였는지 그 내용들을 찬찬히 읽어보아야 한다. 이렇게 '잘' 준비되고 '잘' 실행된 수십여 가지의 수업 사례들을 보는 것이 무척 도움이 된다. 비단 연구대회에 대한 팁을 얻을 수 있을 뿐 아니라 구체적 수업 활동 방법에 대한 팁, 좋은 교구 및 스마트폰 앱, 웹사이트, 도서, 영상 자료 등 수업 자료에 대한 유용한 정보도 얻을 수 있다. 또한 열심히 연구하고 수업해 좋은 결과까지 얻은 선생님들을 보며 긍정적 자극도 얻을 수 있다.

연구대회에 대한 정보는 공람 문서에 공유되니 이를 잘 살펴도록 하자. 인성교육, 진로교육, 미래교육, 환경교육, AI교육, 메이커교육, 교육자료개발, 수업개선 등 연구대회의 종류와 분야도 다양하다. 교총에서 매년 주관하는 연구대회도 규모가 큰 대회로 많은 교사들이 참여하는 대회 중 하나이다. 교총 홈페이지에 가입하면 메일을 통해 연구대회 모집 공고를 받을 수 있으며 교총 홈페이지를 통해 그동안 수상했던 보고서를 살펴볼 수 있다. 약 1년 간 진행되는 연구대회는 수업이 오랫동안 진행되는 만큼 제출해야 하는 보고서 분량도 50~60페이지 정도로 상당한 편이다. 만약 처음부터 이러한 대회에 출품하는 것이 부담스럽게 느껴진다면 다소 짧은 기간 동안 진행되는 수업 공모전을 준비하는 것도 방법이다. 한국과학창의재단, 방송통신위원회, 교육부 등의 홈페이지를 방문하면 각 기관에서 주최하는 공모전 소식을 얻을 수 있다. 이러한 기관에서 이루어지는 공모전은 준비 기간 및 제출해야할 보고서 분량도 상대적으로 간단한 편이니 관심을 갖고 살펴보면 좋을 것이다.

3장

미래를 수업하는 트렌디한 교사, 이제는 실전이다

1

꿀같이 달콤한 학기를 보낼 수 있는
1년 교육과정 설계하기

이 책을 열심히 집필하는 동안 어느덧 겨울방학을 맞이했다. '방학….' 교사에게 이토록 설레는 단어가 또 있을까? 특히나 1년을 쉼 없이 달려온 교사들에게 겨울방학은 더없이 달콤한 재충전의 시간일 것이다. 그런데 이 겨울방학을 조금만 다르게 보내면 방학이 아닌 학기 중에도 꿀처럼 달콤한 시간을 보낼 수 있다는 사실을 아는가? 바로 겨울방학의 일부를 할애해 다음 해의 학급 운영 계획을 꼼꼼하게 세우는 것이다. 겨울방학에 미리 세운 학급 운영 계획이 앞으로 다가올 1년을 얼마나 기적적으로 바꿔줄지 반드시 경험해보길 추천하고 싶다. 학교마다 다르겠지만 2월 초쯤이 되면 대부분 새 학기에 어느 학년, 어느 학급을 맡게 될지 정보를 얻게 된다. 그러니 2월에는 새 학급에 대한 정보를 바탕으로 꼼꼼한 학급 운영 계획을 세워보도록 하자.

지금부터 필자가 매년 새 학기를 준비하는 과정으로 안내하려 한다. 우선 가장 먼저 해야 할 일은 1년 동안 만들고 싶은 학급의 모습을 머릿속에 그려보는 일이다. 이는 당장 떠오르지 않을 수도 있다. 그럴 때는 눈을 감고 구체적으로 장면을 상상해보면 도움이 된다. 나와 학생들의 관계는 어떠하면 좋을지, 학생들 간의 교우 관계는 어떤 모습이길 바라는지, 나와 학생들이 교실에서 느끼는 감정은 어떠하면 좋을지, 학급 분위기는 밝으면 좋을지 차분하면 좋을지 등등 머릿속에 떠오르며 바라는 학급의 모습을 생각나는 대로 일단 모두 적어보는 것이다. 필자가 새 학기에 만들고 싶은 학급의 모습을 아래와 같이 자유롭게 작성해보았다.

≈≈ 1년 동안 내가 바라는 학급의 모습 ≈≈

〈학급 특색 활동〉

1. 우선 기업가 교육을 꼭 제대로 해보고 싶음. '기업하는 아이들' 이라는 이름하에 1년 동안 학급 기업을 만들어 실제 제품과 서비스를 기획 및 판매해 보고 싶음. 아이들과 좋은 기획

으로 이윤 창출도 극대화하여 실제 삶을 사는 데 도움 되는 유용한 지식 및 기능, 태도를 길러보고 싶음. 이윤은 좋은 곳에 기부함으로써 사회 공헌에도 이바지하는 기회를 가질 수 있었으면 함.

2. 몇 년째 계속 해오던 인공지능 교육, 디지털 교육도 1년 커리큘럼으로 계속 하기

3. 작년부터 계속 해오던 지속가능개발교육도 1년 커리큘럼으로 계속하기

〈생활교육〉

1. 아이들의 행복을 극대화할 수 있는 학급 운영하기. 친구들끼리 친해질 수 있는 학급행사 월 1회. 학기 마무리 파티 각 2회. 최대한 외부 활동 많이 신청해서 아이들과 나갈 수 있는 기회 많이 만들기

2. 학생 간 언어 순화 지도 철저. 명령하는 말투, 비속어, 은어, 욕설, 비난 등의 언어 사용 시 학기 초부터 강력하게 지도

3. 학급에 대한 소속감을 가질 수 있도록 새 학기 첫 날 우리 학급만의 차별화된 웰컴 키트(Welcome Kit), 각 학기 마무리 선물, 편지, 학기 중간중간 소소한 선물 자주 하기

4. 아이들과 적극 소통하고 진심으로 존중하며 교사와 학생 간

친밀도 극대화하기

〈수업〉

1. 기업가 수업, 인공지능 수업, 지속가능개발 수업을 중심으로
   다양한 교과목 연계하여 프로젝트 수업 진행
2. 기업가 수업 역시 이윤을 추구하는 과정에서 환경, 사회 등
   지속가능개발과 관련된 상품 및 서비스를 기획할 수 있도
   록 수업하기
3. 지역 사업, 공모전, 수업 발표 등 외부와 연계할 수 있는 방안
   적극 모색해 참여하기

이렇게 내용을 적어보았다면 이를 바탕으로 나의 학급을 표현하는 올해의 한 문장을 만들어보는 것을 추천한다. 이는 필자가 2018년부터 해오던 방식인데 한 해를 관통하는 학급 운영 철학을 한 문장으로 정리한 뒤 칠판에 붙여두는 것은 많은 도움이 된다.

우선 1년 내내 교사가 학급 운영 철학을 기억하고 이를 고려하며 통일성 있고 일관성 있게 학급을 운영할 수 있다. 1년 동안 학생들과 하는 다양한 활동과 세세한 일들이 결국은 이 학

<**학급을 표현하는 올해의 한 문장을 칠판에 붙여준 모습**>

급 운영 철학으로 귀결되는 것이다. 또한 이렇게 우리 반의 학급 운영 철학을 칠판에 1년 동안 붙여놓는 일은 학생들에게도 우리 학급의 철학이 무엇인지 명확히 설명할 수 있다. 학생들 역시 1년 간 학급 운영 철학을 지속적으로 보게 되고 이에 맞는 학급 활동에 참여하게 되면서 교사가 세워둔 철학에 맞게 성장하고 행동하게 된다. 그간 필자가 만들었던 올해 나의 학급을 표현하는 한 문장으로는 '협동하는 행복한 학급', '생각하고 지키고 성장하며 소중히 하는', '감싸주고 공감하고 존중하고 배려하는', '세상을 바꾸는 아이들' 등이 있었다. 올해 나의 학급을 표현하는 한 문장은 '첨단기술 + 따뜻한 마음 = 착한 기업' 으로 정해보았다.

이렇게 1년을 아우르는 학급 운영 철학을 정했다면 이제는 이러한 철학을 실현시켜줄 구체적인 내용들을 계획할 차례이다. 앞서 표에 작성한 것처럼 학급 특색 활동, 생활지도, 수업 등 3가지 정도로 영역을 나누어 세부 내용을 적어가며 보다 구체적인 계획을 세워나간다. 아래의 예시를 참고하면 보다 도움이 될 것이다.

예시

학급 운영 철학 : '첨단기술 + 따뜻한 마음 = 착한 기업'

〈학급 특색 활동 계획〉

1. 기업가 교육
- 「스무 살에 알았더라면 좋았을 것들」, 「인지니어스」 책 참고하여 창의적 사고 1년간 연습하기
- 한 학기 2번, 1년간 4번을 목표로 부지런히 기획, 제작, 유통, 홍보, 판매 진행하기
- 영상 촬영 및 편집팀, 디자인팀, 홍보팀, 회계팀 등 처음부터 팀을 제대로 꾸리고 팀이 효과적으로 운영되도록 하기
- '아이스크림몰', '티쳐몰' 등 기업과 적극 제휴하기
- '텀블벅', '아이디어스', '마플샵' 등 다양한 채널 활용하기

2. 인공지능 교육, 디지털 리터러시 교육

- 그동안 해오던 커리큘럼과 크게 벗어나지 않음
- 올 한해는 기업가 교육이 주된 활동이므로 기존에 해오던 것보다 시수 조금 줄이기
- 미래 사회, 미래핵심 역량, 인공지능 교육의 필요성 등 초반 교육 제대로 하기(이 때 기업가 교육, 지속가능개발교육이 왜 필요한지도 함께 설명 가능)
- 인공지능 앱과 웹에 대한 수업 시수를 기존보다 줄이기
- '코스페이시스 에듀'[9]로 기초 코딩, '엔트리'[10]로 중급 코딩, '코드위즈(Codewiz)'[11]로 피지컬컴퓨팅(Physical Computing)[12](대여 가능한 코드위즈가 있는지 미리 확인 후 필요한 시점에 맞춰 대여하기)

3. 지속가능개발 교육

- 넷플릭스 다큐멘터리 〈히스토리 101〉을 활용한 작년 교육 방식 이어가기
- 올 한해는 기업가 교육이 주된 활동이므로 지속가능개발교

---

9) 웹 기반의 가상현실, 증강현실을 제작할 수 있는 프로그램. 쉽게 시작할 수 있어 비슷한 다른 프로그램보다 교육용으로 많이 사용된다.

10) 블록을 끼우는 방식으로 코딩할 수 있는 그래픽 기반 프로그램. 네이버 커넥트재단에서 개발하고 운영하는 비영리 소프트웨어 교육 플랫폼을 의미하기도 한다.

11) 소프트웨어 교육을 위해 개발된 키트

12) 디지털 기술 및 장치를 이용해서 정보를 입력받고 여러 장치를 통해 현실로 결과를 출력해주는 컴퓨팅. 현실 세계 속 데이터를 디지털 기기로 내려받아 소프트웨어의 형태로 처리한 후, 그 결과를 모니터나 LED 또는 여러 가지 장치로 출력하는 것이다. 곧 컴퓨터와 현실 세계가 데이터를 통하여 대화하는 것을 말한다.

육 관련 실습 활동 시수 줄이기
- 작년에 했던 '학급 챌린지' 활동을 올해는 학기 초부터 1년 커리큘럼으로 이어가기

〈생활교육〉

1. 아이들의 행복이 극대화된 학급 운영

- 새 학기 1주일간 서로 간 어색함을 풀고 따뜻한 학급 분위기를 조성하는 활동에 집중
- 학기별 첫 시작 날 웰컴 키트 제공
- 학기 중간 간식, 편지, 선물 등 수시로 제공
- 학급 회식 학기별 1회씩 추진
- 매달 학생이 행복할 수 있는 학급 이벤트, 학생들과 함께 기획 및 진행
- 학기별 마무리 파티 진행
- 학생들끼리 신나게 어울리고 소통할 수 있는 판을 자주 깔아주기
- 작년에 했던 〈공연 봄날〉, 〈퇴촌야영교육원 수련회〉 등 아이들과 나갈 수 있는 프로그램 신청해서 적극 활용
- 학생 간 언어 순화 지도 철저. 명령하는 말투, 비속어, 은어, 욕설, 비난 등의 언어 사용 시 학기 초부터 강력하게 지도

2. 소통하는 학급
- 학급 밴드와 학급 단톡, 여태껏 해온 방식대로 운영
- 학급 단톡 사용 예절, 학기 초 철저히 지도
- 학생에 대한 사랑과 존중하는 마음 적극적으로 표현하기

〈수업〉

1. 초반 작업
- 기업가 수업, 인공지능 수업, 지속가능개발 수업이 원활히 이루어질 수 있도록 학기초 한 달은 창의성 훈련, 디자인씽킹 훈련, 토의 및 경청 훈련 집중 연습.
- 바로 이런 수업에 들어가기 보단 이러한 수업이 왜 중요한지 그 필요성에 대한 충분한 설명이 중요. 이러한 수업에 대한 필요성 절감 및 동기부여가 제대로 되어야 수업이 잘 진행될 수 있음.

2. 프로젝트 수업 진행
- 올해는 기업가 수업이 중심임. 지속가능개발의 가치도 살리면서 이윤도 추구할 수 있고 또 교과서에서 배우는 내용과 연계할 수 있도록 수업 설계
- 지역 사업, 공모전 등 외부와 연계할 수 있는 방안 수시로 정보 검색하면서 참여할 수 있는 활동에는 적극 참여

- 실패에서 배운다고 했음. 개입하고 싶은 마음 꾹꾹 눌러 참고 아이들의 자율성 최대로 존중. 반드시 결과물을 내야한다는 조급함에서도 벗어나기

3. 꼼꼼한 원리 이해
- 기업가 수업이 중심이지만 교과서에서 다루는 내용도 꼼꼼히 수업하기
- 원리, 개념에 대한 이해 강조하기
- 학기 진행 중 시기별 특히 중요한 과목 및 단원을 그때그때 선정해서 해당 과목은 배움 공책 꼼꼼히 쓰기

자, 이 정도로만 새 학급에 대한 계획을 세워보아도 1년간 학급을 어떻게 짜임새 있게 운영해 나갈지 머릿속이 보다 명료해지는 느낌이다. 여기에 하루 일과까지 머릿속에 그려보면 상상했던 학급이 보다 현실로 다가온다.

〈수업 전 아침〉
- 8:30까지 입실 완료 (학급 규칙: 1분이라도 지각할 시 청소)
- 8:30 ~ 8:50 자신이 읽고 싶은 책 읽기 (꼭 급한 용무가 아니면 화장실, 복도 출입 등 자제)
- 아침은 반드시 차분하게

〈점심시간〉

• 교실에선 소란스럽게 놀지 않기

• 운동장으로 가서 놀기

• 오후 수업 5분 전 교실 입실

〈방과 후〉

• 정해진 청소 모둠에 따라 돌아가며 청소하기 (한 모둠당 1주
일 청소)

• 방과 후엔 교실에 오랫동안 남지 않고 바로 귀가하기

이렇게 하루 일과를 구체적으로 세워보면 학기를 앞두고 미리 준비해야 할 사항이나 어떤 게시물 등을 사전에 부착해 두어야 할지도 알 수 있다. 예를 들면 온 작품 읽기가 가능한 어떤 책들이 학교 도서관에 있는지 살피고 이를 미리 빌려둘 수도 있고, 청소 모둠을 미리 편성해 이를 게시물로 만들어 부착해둘 수도 있다. 또한 학기 초 아이들에게 학급에서 꼭 지켜야할 규칙을 이야기할 때에도 이러한 사실들을 미리 강조하고 한 해 동안 지킬 것을 당부할 수 있다. 우리 학급은 아침 시간을 차분하게 보낸다는 것과, 아침 등교 시간이 조금 이르다는 것, 시간 엄수를 중요시 한다는 점 등을 사전에 설명하고 1년 동안 이러한 규칙들

은 잘 지켜질 수 있도록 만들어갈 수 있다.

필자에게는 이러한 과정을 해 내는데 많은 시간이 들지 않는다. 하고 싶은 교육의 방향이 뚜렷하게 자리하고 있기 때문이다. 그런데 교사에게 교육 철학이 분명히 서 있지 않을 때, 추구하는 교육의 방향이 뚜렷하지 않을 때에는 이 과정이 오래 걸릴 수 있다. 앞 2장에서 자세히 설명하였듯이 그간의 독서와 독서를 기록한 메모, 공람 문서, 교사 연구회 활동 등을 통해 얻은 정보를 종합하면 지금 시기에 어떤 교육이 중요한지, 특히 내가 더욱 관심이 생기는 분야는 무엇인지 알 수 있다. 이러한 내용들을 중심으로 1년간의 교육 방향 및 학급 운영 철학을 정하고 이하 과정을 진행하면 보다 일이 수월하게 진행될 것이다.

공간 설계,
생각보다 그 힘이 강하다

이제 머릿속에 세웠던 이상적인 학급을 실제로 하나씩 만들어 갈 차례이다. 아직 아이들이 실제로 등교하지 않는 방학 기간에 새 학기를 위한 준비를 미리 해둘 수 있는 것은 바로 공간 구성이다. 공간이 개인과 집단에 주는 영향력이 의외로 크다는 사실이 밝혀지면서 공간 설계에 관한 연구와 책도 많아지고 있다. 필자 역시 학급을 운영해본 바 알게 모르게 이 공간이 학급 분위기에 미치는 영향이 막강하다는 사실을 몸소 느끼고 있다.

새 학기를 앞두고 공간 구성을 하기 위해 한 가지 기억해야 할 사실은 교실은 단순히 예쁘게만 꾸미는 공간이 아니라는 사실이다. 교실 환경 구성 또한 위에서 정한 학급 운영 철학을 중심으로 이루어지는 것이 좋다. 어떻게 하면 교실이라는 공간을 잘 활용하여 앞서 계획한 학급 특색 활동, 생활지도, 수업의 목표를 효과적으로 달성할 수 있을까에 대한 고민이 필요하다.

따라서 학급 공간을 꾸밀 때 게시물 하나하나를 예쁘게 만들고 디자인을 아름답게 하는데 시간을 들이기보다는 어떻게 하면 공간 구성을 통해 내가 계획한 학급 운영 목표들을 잘 실현할 수 있을지를 고민하고 실제 구현하는 것이 공간 구성의 핵심이 아닐까 한다.

앞서 소개했듯이 필자는 올 한해 우리 학급을 표현하는 한 문장을 칠판에 크게 붙여두는데, 공간을 구성할 때에도 첫 시작은 학급 운영 철학을 인쇄한 게시물을 부착하는 것으로 한다. 3월 학기가 첫 시작하는 날 학생들이 교실에 도착하면 이 게시물을 가장 먼저 보게 될 것이다. 아직 교사의 설명을 듣지 않았음에도 학생들은 암암리에 '아, 올해 우리 학급은 이런 가치를 중요하게 생각하겠구나.' 하고 마음의 준비를 할 수 있다.

공간 구성에서 두 번째로 강조하는 것은 바로 책상의 배치이다. 몇 년 전 「최고의 팀은 무엇이 다른가」 라는 책을 통해 팀원 간의 물리적 거리가 가까울수록 팀원들의 친밀도가 향상되고 팀워크가 좋아진다는 사실을 알게 되었다. 이를 바로 교실에 적용하여 학생 간 책상을 가깝게 배치하고 있다. 이와 더불어 책상 배열 효과를 밝혀놓은 다양한 자료를 읽으며 책상을 돔형으로도 해보고, 모둠별로도 해보고, 원형으로도 해보는 등 여러 가지 방법을 시도해보았다. 그 중 필자가 느끼기에 가장 효과적이었던 배열은 아래와 같은 모습이다.

<필자의 교실 책상 배치 모습>

이러한 배열은 학생 간 거리도 가깝고 어느 자리에 앉든 앉은 자리에서 모든 학생을 볼 수 있다는 장점이 있다. 따라서 서로 의견을 주고받기도 편하고 발표하는 친구를 뒤돌아 봐야하는 경우도 드물다. 실제 필자가 워크숍, 연수 등에 참여하였을 때에도 원형에 가깝게 배치된 경우에 다른 참여자를 심리적으로 가깝게 느낄 수 있었다.

공간 구성에서 빼놓을 수 없는 곳 가운데 하나는 교실 옆 창문

쪽이다. 행정실 주무관님께 부탁을 드리면 교실에 못을 설치해 주시는데 이 곳을 상황에 맞게 그때그때 꾸미는 것이 학급 분위 기를 원하는 대로 이끌어가는 데에 상당한 도움이 된다.

<복도쪽 창문에
가렌드(garland)를 이용해
꾸며준 모습>

학기 초에는 이곳에 학생들의 새학기 첫 날을 환영하는 문구 를 걸어두면 첫날부터 따뜻한 분위기로 아이들을 맞이할 수 있 고, 학생들을 위한 학급 파티를 할 때에는 그에 맞는 장식을 할 수 있으며, 기업가 수업을 통해 결과물이 나오면 이를 기념할 수 있는 사진이나 기획물 그리고 판매를 축하하는 문구 등으로 공 간을 장식할 수 있다. 학생들에 대한 교사의 사랑과 존중을 표현하고 싶은 달엔 아이들에게 전하는 메시지, 아이들이 환하게 웃고 있는 사진 등으로 공간을 장식할 수도 있다. 상황에 따라 변하는 교실을 아이들은 굉장히 좋아한다. 공간 구성이 바뀌면 바뀐 콘셉트에 어울리는 소품을 만들어오거나 용돈으로 구입해 학급에 기부하는 친구들도 있다.

　1년 간 계획한 수업에 필요한 준비물, 도서 등을 비치해두는 것도 공간 구성에 포함된다. 예를들어 기업가 교육, 인공지능 수업, 지속가능개발 수업을 중심으로 하겠노라 결심했다면 교실 교구장과 책장에도 이러한 수업을 용이하게 할 수 있는 준비물 위주로 채워두는 것이다. 작년에는 사용했으나 올해는 덜 사용하게 될 것 같은 교구 및 준비물 등은 모두 정리하여 박스에 넣어두고 올해 모둠 토의에 자주 사용하게 될 화이트보드, 보드마카, 코딩 로봇, 언플러그드 인공지능 보드 게임 등을 중심으로 교구장을 채우는 것이다. 또한 필요한 준비물은 학기 시작 전 미리 구입하여 채워둘 수도 있다. 학생들 역시 새 학기 첫 날 교실에 들어왔을 때 교구장의 물건들을 보며 '아, 우리 학급에서는 로봇 수업을 하는가보다. 화이트보드를 자주 사용하려나? 보드 게임이 꽤 많네.' 하는 식으로 앞으로 전개될 학급 활동에 대해 사전이해를 높일 수 있게 될 것이다.

3

트렌디한 수업을 위한
풍부한 예산 확보하기

　학급 경영을 위해서는 풍부한 예산이 필요하다. 학생들에게 나누어줄 소소한 선물, 간식, 공간 구성을 위한 각종 준비물, 그리고 프로젝트 수업을 하기 위해서도 상황에 따라 예산이 필요하다. 그러나 이러한 학급 경영을 위해 학교에서 제공되는 예산의 액수는 그리 크지 않다. 지원되는 예산의 종류 및 금액은 학교별, 시·도교육청별로 약간의 차이가 있을 수 있으나 공통으로 지원되는 예산은 학습 준비물비, 학급비, 환경 구성비 등일 것이다. 학습 준비물비, 환경 구성비는 보통 동학년과 회의를 통해 학년에서 필요한 물품을 함께 구매하는 경우가 많다. 1년의 교육과정을 같은 학년 선생님들과 함께 쭉 훑어보며 각 과목에서 꼭 필요한 준비물을 함께 정해 같이 주문하고 분배하는 식이다. 보통 미술 교과 준비물로 학습 준비물비가 사용되는 경우가 많다. 환경 구성비는 액수가 처음부터 크지 않아 교실 청소에 꼭 필요한 물걸레, 정전기 청소포, 쓰레기봉투 등을 구입하고 나면 얼마 남지 않는 경우가 많다. 학급비 정도가 담임교사의 재량으로 사용할 수 있는 예산일 것이다. 그러나 이 또한 액수가 크지 않아 학급 경영을 하는 데 풍족하게 사용하기엔 다소 어려움이 있다. 혁신학교의 경우는 그래도 학급별 지원되는 예산이 일반 학교보다 많은 편이다. 필자가 작년에 근무했던 학교는 2022년부터 혁신학교가 되었는데 확실히 일반학교였을 때에 비해 학급비, 혁신학교 운영비 등 학급별 지원되는 금액이 커져 수업 및 학급 놀이에 필요한 교구, 학급 티셔츠 등을 구입할 수 있었고 프로젝트 수업에 필요한 준비물도 충분히 구입할 수 있어 실습 수업 및 학급 체험학습도 원활히 운영할 수 있었다.

　그러나 만약 우리 학교가 혁신학교가 아니라면 학교에서 배부하는 예산만으로 원하는 학급경영을 하기란 어려움이 있을 것이다. 그럴 때엔 교사 혼자서 혹은 동학년 교사 몇 명과 팀을 이뤄서 예산을 확보하는 방법을 추천한다. 서울시교육청의 경우 쉽게 예산을 확보할 수 있는 방법으로 '서울 희망 교실'과 '우리가 꿈꾸는 교실'이 있다. '서울 희망 교실'의 경우 학급에서 특히 도움이 필요한 학생들을 위해 사용해야 하는 예산이고, '우리가 꿈꾸는 교실'의 경우 학급 경영이든, 학급 수업이든 특정한 주제를 세워두고 이를 달성하기 위해 사용할 수 있는 예산이다. 두 가지 예산 모두 사전에 예산을 어떻게 사용할지 계획을 세운 후 통과되면 예산을 교부받는다. 그러나 신청하면 거의 모든 교사가 받을 수 있는 예산이다. 아마 시 · 도교육청별로 이러한 예산이 있을 것이다. 이러한 예산을 교부받아 학급을 운영하면 확실히 학생들에게 해줄 수 있는 것도 많아지고 수업에 활용할 수 있는 교구 및 활동 재료도 다양해져 수업의 질도 높아진다. 그러나 예산을 사용할 때마다 영수증을 보관하고 기록해야하며 추후 예산 사용 내역과, 예산을 사용해 어떠한 학급 활동을 했는지, 또 이렇게 예산을 사용해 학급 활동을 한 효과는 어떠했는지 등을 담은 추후 보고서를 작성해 제출해야 한다. 또한 예산을 신청해 교부 받는 과정에서도 예산 사용 계획서를 작성해 제출해야 하고 예산이 지급될 통장 개설 및 연수 참여 등 다소 번거로운 절차들이 있다. 학기 초와 학기 말은 특히 새 학기 준비와 학년 마무리로 바쁘기 때문에 예산을 신청하고 보고서를 제출하는 일들이 부담이 될 수 있다. 그러나 막상 예산을 교부받아 1년 동안 학급을 운영하다 보면 이러한 예산이 얼마나 요긴하며 교육적 효과를 주는지 몸소 느낄 수 있다. 그러다 보니 이런 예산은 신청하는 교사만 늘 신청하고 신청하지 않는 교사들은 늘 신청하지 않는 경향이 있다. 만약 그동안 이러한 예산을 신청하지 않았다면 올해는 꼭 예산을 신청해 보다 풍족한 학급경영을 해보자. 여러 가지 준비물을 구입해 다양한 활동을 할 수 있고 어떤 활동 및 행사를 하더라도 질을 높일 수 있다. 아이들의 반응 역시 훨씬 뜨거울 것이다.

학급 경영을 위한 예산 확보의 또 다른 방법은 각종 사업에 열심히 참여하는 것이다. 필자의 경우는 아이들과 인공지능ㆍ에듀테크 수업을 해보고 싶었는데 이러한 ICT 수업을 하기 위해 필요한 준비물이 많았다. 그런데 코딩 교구, 코딩 로봇 등의 가격이 다소 높아 학생 개별로 준비하기에 어려움이 있었다. 인공지능 교육 선도 학교, 인공지능 교육 마중물 학교 등 학교 자체가 이러한 예산을 쓸 수 있는 학교가 아닌 경우 교사 개인이 이러한 교구비를 감당하기엔 어려움이 있다. 비단 인공지능 교육뿐 아니라 메이커 교육, 3D 프린터 교육, 드론 교육 등 교사가 특정 교육에 관심이 있어 이를 학급 특색 활동으로 하고자 할 때는 예산 부족의 어려움을 더 느끼게 될 것이다. 이럴 때엔 관련 교육청 사업에 열심히 참여함으로써 어느 정도의 예산을 확보할 수 있다. 필자는 학교로 전달되는 공람 문서를 꼼꼼히 확인하는데 문서를 통해 '인공지능 선도 교사단', '에듀테크 선도 교사단', '인공지능 교사 연구회', '인공지능 학생 동아리' 등에 대한 소식을 접하고 신청할 수 있었다. 물론 이러한 방식으로 받게 되는 예산은 액수가 몇십만 원 단위로 그리 크지는 않지만 그래도 이러한 예산이 여러 개 모이면 원하는 교육을 하는 데 유용하게 사용될 수 있고 큰 도움이 된다.

마지막 방법은 교육청 예산이 아닌 일반 기업이나 국가의 지원 사업 등을 활용하는 방법이다. 필자의 사례를 들면 학생들과 인공지능 수업을 1년 간 심도 있게 하고 싶어 관련 교육청 사업 및 활동을 신청해 예산을 확보하였다. 그러나 다른 방법으로도 도움을 받을 수 있을 것 같아 정보를 찾아보니 삼성에서 사회 공헌 활동으로 운영하는 '삼성 주니어소프트웨어 아카데미'라는 프로그램을 발견할 수 있었다. 교사 개별로 준비하려면 꽤 비용이 드는 피지컬 컴퓨팅 교구와 인공지능 수업 학생용 교재를 학생 수만큼 지원해준다는 소식을 접했다. 바로 이 프로그램에 지원해 선정되어 학생들에게 양질의 교구와 수업을 제공할 수 있었다. 한편 올해 필자는 학생들과 기업가 교육을 제대로 해보는 것이 목표인데 본 수업을 하기 위해선 아이들과 실제 상품을 기획하고 제작하고 판매하는 과정이 필요하다. 상당한 예산이 들 것으로 기대돼 이러한 예산을 지원받을 곳이 없을까 열심히 정보 검색을 한 결과 한국사회적기업진흥원, 중소벤처기업부에서 관련 예산을 신청할 수 있다는 사실을 알았다. 열심히 계획서를 작성해 제출한 결과 올 한 해 기업가 교육에 쓸 수 있는 예산 육백만 원을 지원받게 되었다. 열심히 찾아보면 학급 활동에 필요한 예산을 지원받을 수 있는 경로는 다양하다는 사실을 다시 한

번 알 수 있었다. 이 외에도 한국과학창의재단, 보라매청소년센터 등에서 지원하는 사업에 신청해 다양한 예산을 확보할 수 있었다. 올 한해도 풍부한 예산을 바탕으로 학생들과 신나고 즐겁게 수업할 수 있을 듯하다.

4

트렌디한 미래교육,
이렇게 실행했다

트렌드와 미래를 수업하기 위한 모든 준비는 끝났다. 그렇다면 구체적으로 트렌드와 미래를 수업하는 수업이란 어떤 것일까. 독자들의 이해를 돕기 위해 그간 했던 수업 사례들을 구체적으로 소개하고자 한다. 학급 상황, 교사의 성향은 모두 다르므로 본 수업을 그대로 구현하기란 어려움이 있을 수 있다. 그러나 다양한 수업 사례를 통해 어떻게 수업을 설계하고 준비하여 실행하는지 구체적인 흐름을 살피고 수업에 대한 아이디어를 얻어 각자의 교실에서 활용하길 기대한다.

트렌디한 미래교육 첫 번째 사례

– 초등학생이 밝힌다! IT 성차별 핫 IT슈

주제 : 지속가능개발목표 5. 성평등

관련교과

교과	단원명 및 차시
국어	5학년 2학기 3단원. 〈의견을 조정하며 토의해요〉 　7-8차시 : 찾은 자료를 정리해 알기 쉽게 표현하기 　9-10차시 : 의견을 조정하며 토의하기
실과	〈소프트웨어의 이해〉 　인공지능을 아시나요?
미술	〈북아트〉 　나만의 책 만들기

핵심 역량

핵심 역량	관련 활동
언어 · 상징 해석 활동	• 관련 도서 〈숫자로 상상하세요〉 　독서 및 독후감상문 쓰기
지식 · 정보 활용 활동	• 〈교육통계〉 접속하여 '학과계열별 재적 학생 　수', '학과별 교수 비율' 데이터 그래프로 변환 　및 해석하기
특정 기능 · 기술을 활용한 문제 해결	• 책 출판을 위한 글쓰기와 삽화 그리기 　책 표지 디자인하기 　책 제목 정하기
타인과의 갈등 해결 · 협동 활동	• 남성 중심의 IT로부터 발생하는 성불평등 문제 　를 해결하기 위한 모둠별 토의

학생의 자율적 활동	• 남성 중심의 IT로부터 발생하는 성불평등 문제를 해결하기 위한 해결방안 글쓰기
공동체 문제 해결	• 남성 중심의 IT로부터 발생하는 문제를 알리고 해결방안을 촉구하는 그림책 만들어 크라우드 펀딩하기

수업 배경 및 의도

본 수업이 이루어질 당시 필자는 한국과학창의재단에서 운영하는 지속가능개발교육(이하 ESD로 표기) 실천연구단으로서 ESD 관련 수업 자료를 개발 중이었다. ESD 실천연구단으로 함께 활동하는 교사들이 각각 SDGs(지속가능개발목표) 중 몇 가지 목표를 맡아 관련된 수업을 개발하기로 했다. 필자가 맡은 주제는 '성평등'이었다. '성평등' 문제는 아주 오래 전부터 중요하게 다루어진 주제이며 성평등 교육에 대한 자료도 무척 많다.

그동안의 성평등 수업과 본 수업의 차별화된 점이 있어야 한다고 생각했으며, 또한 본 수업을 통해 학생들이 지금 현 사회에서 성불평등이 왜 문제가 되고 어째서 꼭 해결해야 하는지 문제의 중요성을 생생하게 느끼고 해결의지를 가질 수 있어야 한다고 생각했다. 더불어 일상생활에서 성평등을 실천할 수 있는 태도를 길러줄 수 있는 수업을 설계하기 위해 고민하였다.

오랫동안 다루어져 자칫하면 뻔하고 진부한 주제로 여겨질 수 있는 '성평등'이라는 주제를 최근 이슈가 되고 있는 '인공지능'과 연결시켜 새로운 관점에서 주제를 다루고자 하였으며 앞으로 인공지능 시대를 살게 될 학생들에게 꼭 필요한 시각을 전해 보다 평등한 사회를 만드는데 기여하고자 다음과 같은 수업을 설계하였다.

구체적 수업안 ～～～～～～～～～～～～～～～～～～～～～～～～

🐾 수업을 위한 사전 준비 : 아침 시간을 활용한 '학급 온 작품 책' 읽기

「숫자로 상상하세요」

　프로젝트 수업 주제를 맥락 없이 제시하기보다 자연스럽게 제시하는 방법이 효과적이다. 이에 좋은 방법이 '학급 온 작품 책'을 활용하는 일이다. 우리 학급은 아침 시간을 이용해 한달에 한 권 학급 도서를 정해 모든 학생이 같은 책을 읽고 독후감상문을 썼다. 이 때 정한 책이 바로 '학급 온 작품 책'이다. 그 후 같이 읽은 책에 대해 다 같이 대화를 나누는 '독후 수다'를 운영했다. 본 수업 주제와 관련 있는 「숫자로 상상하세요」를 '학급 온 작품 책'으로 선정한 뒤 이에 대한 글을 쓰고 대화를 나누는 과정에서 자연스럽게 프로젝트 수업 주제를 도입하였다.

<숫자로 상상하세요>

실존 인물 에이다 러브레이스의 이야기. 에이다 러브레이스는 어릴 적부터 수학, 과학에 관심이 많았고 해당 분야에서 두각을 나타내었으나 남녀차별이 심했던 당대 분위기에 따라 대학에 진학하지 못하고 가정교사에게 수업을 받았다. 그럼에도 불구하고 그녀는 컴퓨터 프로그래밍 언어의 토대가 되는 계산 방법을 개발하였고 이를 바탕으로 많은 프로그래밍 언어가 발전하게 되었다.

<'숫자로 상상하세요' 온 작품 책을 읽고 쓴 학생의 독후감>

1차시 – 2차시 : 지금 IT 업계는 평등할까? 데이터로 살펴보는 IT 업계의 성평등

'학급 온 작품 책'을 함께 읽고 독후감상문을 쓰고 친구들과 책에 관한 이야기를 나누며 프로젝트 주제를 도입한 뒤 주제를 좀 더 심화할 수 있도록 자연스럽게 질문을 던졌다.

"얘들아. 에이다 러브레이스가 살던 시대는 워낙 옛날이라 남녀차별이 있었다고 쳐. 그런데 이런 차별이 90년대에도 있었을까?"

이에 대한 설명을 해줄 수 있는 참고도서를 학생들에게 소개하고 이야기를 해주었다.

이쯤에서 아이들에게 또 한 번의 질문을 던졌다.

<인공지능 페미니즘>

실존 인물 메러디스 브루서드의 이야기. 메러디스 브루서드 역시 어릴 적부터 과학, 기술에 관심이 많았다. 그녀는 특히 컴퓨터에 관심이 많아 1991년 하버드 대학에서 컴퓨터 과학을 공부하게 된다. 그런데 하버드 대학의 2만 명의 학생 중 컴퓨터과학을 전공하는 학부 여대생은 고작 6명이었다. 남성 중심으로 돌아가는 과 분위기와 은연중 여성을 차별하는 분위기 속에서 결국 그녀는 학업을 포기하고 전공을 바꾸게 된다.

"애들아, 그럼 지금 이 시대에는 어떨까? 여전히 컴퓨터, IT 관련 학과에 재학 중인 남학생 수가 여학생 수보다 훨씬 많을까?"

학생들과 위의 질문에 대한 답을 직접 확인해보기로 했다. 본 차시는 국어 교과와 함께 연계해 진행하였다. 국어 교과의 차시 중 '찾은 자료를 정리해 알기 쉽게 표현할 수 있다' 부분을 본 수업 차시와 연계하여 온라인에서 찾은 데이터를 간단하게 그래프로 변환해보는 활동을 하였다.

<교육통계서비스>에 접속하여 데이터 관찰하기

〈교육통계서비스〉 홈페이지를 통해 현재 우리나라 대학의 각 학과별 재학생 수와 남녀 성비, 교수의 수와 남녀 성비를 알 수 있다. 학생들과 해당 홈페이지에 접속해 직접 자료를 다운받고 현황을 살펴보았다. 또한 엑셀 프로그램을 통해 다운받은 데이터를 보기 쉽게 그래프로 나타냈다. 그래프를 통해 학과별 재학생 남녀 성비와 학과별 교수의 남녀 성비를 한눈에 비교할 수 있었는데, 여전히 IT 관련 학과에서 남녀 성비 불균형이 극심하다는 사실을 알 수 있었다.

<교육통계서비스>

<교육통계서비스> 홈페이지 : https://kess.kedi.re.kr/index

교육과 관련한 다양한 통계를 살펴볼 수 있다.

<본 활동의 유의점>

- <교육통계서비스> 홈페이지에서 다운받은 자료를 엑셀에서
  불러와 그래프로 변환하는 방법을 교사가 사전에 숙지해야
  한다.

- 컴퓨터실의 컴퓨터에 엑셀 프로그램이 설치되었는지를 사전
  에 확인한다.

계열	분류	세부	총 재학생 수	여학생 수	남학생 수
공학계열	교통·운송	지상교통공학	3,609	411	3,198
공학계열	교통·운송	항공학	14,551	1,378	13,173
공학계열	교통·운송	해양공학	12,278	1,988	10,290
공학계열	교통·운송	계	30,438	3,777	26,661
공학계열	기계·금속	기계공학	69,299	5,802	63,497
공학계열	기계·금속	금속공학	667	84	583
공학계열	기계·금속	자동차공학	8,620	455	8,165
공학계열	기계·금속	계	78,586	6,341	72,245
공학계열	전기·전자	전기공학	24,352	2,399	21,953
공학계열	전기·전자	전자공학	65,407	9,507	55,900
공학계열	전기·전자	제어계측공학	4,886	677	4,209
공학계열	전기·전자	계	94,645	12,583	82,062
공학계열	정밀·에너지	응용공학	3,684	1,147	2,537
공학계열	정밀·에너지	에너지공학	13,870	3,335	10,535
공학계열	정밀·에너지	계	17,554	4,482	13,072
공학계열	소재·재료	세라믹공학	3,015	411	2,604
공학계열	소재·재료	섬유공학	2,112	790	1,322
공학계열	소재·재료	신소재공학	26,893	6,852	20,041
공학계열	소재·재료	재료공학	7,701	1,747	5,954
공학계열	소재·재료	계	39,721	9,800	29,921
공학계열	컴퓨터·통신	컴퓨터공학	80,132	19,541	60,591
공학계열	컴퓨터·통신	응용소프트웨어	31,052	7,669	23,388
공학계열	컴퓨터·통신	통신공학	45,788	9,533	36,255
공학계열	컴퓨터·통신	계	156,972	36,737	120,235
공학계열	산업	산업공학	21,249	5,092	16,157
공학계열	산업	계	21,249	5,092	16,157
공학계열	화공	화학공학	31,798	11,495	20,303

<가장 왼쪽: 총 재학생 수,
가운데: 여학생 수, 오른쪽: 남학생 수>

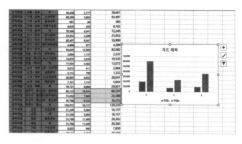

<컴퓨터 통신 분야의 재학생 성비>
왼쪽: 여학생 수, 오른쪽: 남학생 수

직접 통계를 관찰하고 그래프로 나타낸 뒤 알게 된 점을 간단히 적어보도록 하였다. 컴퓨터실에서 수업 시 학생들의 의견을 쉽게 공유할 수 있는 웹사이트로 '슬라이도(https://www.slido.com/)'를 추천한다.

<통계를 관찰한 후기를 '슬라이도'를 통해 공유한 모습>

교사의 이야기로 토의 주제에 대한 관심 환기 및 사고 자극하기

〈교육통계서비스〉의 실제 데이터를 통해 여전히 IT 관련 대학 학과에는 남학생이 여학생보다 훨씬 많이 재학 중임을 알게 되었고, IT 관련 대학 학과의 교수 남녀 성비는 학생 남녀 성비보다 훨씬 불균형하다는 것을 알았다. 그렇다면 왜 예전부터 지

「결국 Z세대가 세상을 지배한다」

똑같이 수능에서 고득점을 받아도 여학생은 왜 주로 교대에 진학하고 남학생은 여러 가지 전공을 택하는 것일까. 여성의 경우 회사 문화, 복지 문제에서 자유로울 수 없기 때문이다. 여성의 경우 결혼, 육아, 출산으로 인한 경력 단절에서 자유로운 교사를 주로 선호한다. 최근 수의학과에 가는 여학생이 증가한 이유도 비슷하다. 수의사는 개인 사업장을 운영하는 경우가 많아 집단 문화에서 자유롭고 결혼, 출산, 육아의 제약에서도 비교적 자유롭기 때문이다. 최근 반려동물을 키우는 인구가 늘어남에 따라 수의사라는 직업에 대한 인기가 높아지고 있으며 수능에서 고득점을 받은 여학생들의 수의학과 진학률이 증가하고 있다. 이러한 논리에 비추어볼 때 IT 업계는 전통적으로 남성 중심의 문화가 굳건한 곳이니 수능 고득점을 받은 학생들은 관련 학과로의 진학을 기피하게 된다. IT 관련 학과의 여학생 비율은 점점 줄고 자연히 관련 업계로의 여성 취업률도 줄어들고 IT 업계는 계속해서 남성중심주의적 문화가 굳건해진다. 악순환의 연속이 일어나는 것이다.

금까지 IT 관련 대학 학과에서는 이토록 남녀 성비가 불균형한 것인지 그 원인 탐색이 필요하였다.

교사 역시 이러한 수업을 준비하기 위해 많은 자료를 찾아보아야 한다. 이에 관한 정보를 찾던 중 필자는 흥미로운 도서를 발견하였고 수업과 관련된 부분을 발췌해 학생들과 함께 읽어 보았다.

IT 관련 대학 학과와 관련 기업에는 왜 남자들이 압도적으로 많을까? 학생 토의로 원인 탐색하기

교사의 이야기를 바탕으로 학생 모둠토의를 진행했다. 본 수업이 진행될 당시 코로나로 인해 격일 등교를 하였다. 해당 수업은 온라인 모둠 토의로 진행되었으며 구글 프레젠테이션을 이용해 원활한 모둠 토의가 이루어지도록 하였다.

〈학생 토의 결과- 학 학생의 놀라운 통찰〉

"선생님, 결혼, 출산, 육아 등의 문제가 해결되지 않은 이유도 크긴 한데요. 여자 아이들이 원래 컴퓨터, 기계 이런 것에 관심이 없어요."

한 학생이 애초부터 여자아이들은 어릴 적부터 컴퓨터, 기계에 관심이 없어 관련 학과로의 진학을 기피한다는 이야기를 했다.

그런데 이러한 원인을 거슬러 가보면 이 역시 IT 관련 기업에 남성이 많기 때문이라는 것이다. 남성 중심으로 돌아가는 IT 업계에서 남성들이 자신들의 시각과 취향으로 각종 기계와 컴퓨터, 교육용 교구들을 제작하다보니 여자아이들의 취향을 미처 반영하지 못한 것 같다는 지적이었다. 만약 여성이 IT 업계에 많았다면 분명 여자아이들도 관심을 가질만한 기계, 컴퓨터, 교육용 교구 등을 만들었을 것이고 여자 아이들도 이러한 분야에 흥미를 가져 열심히 공부했을 것이라는 통찰이었다.

〈구글 프레젠테이션을 통한 모둠 토의〉

구글 프레젠테이션은 모둠 토의에 효과적인 도구이다. 모둠원이 한 문서에 동시에 자신의 의견을 작성할 수 있어서 제한된 시간 안에 다양한 의견을 토의하고 신속한 결정을 내리는데 용이하다. 학교에 아이패드 등 태블릿 pc가 구비되어 있는 경우 이를 대여하여 사용할 수 있다. 구글 프레젠테이션을 이용한 토의를 처음 진행하는 경우에만 약간의 시간이 소요될 뿐 한번 사용법을 숙지하기만 하면 학생들도 어렵지 않게 사용할 수 있다. 학생, 교사 모두 구글 계정이 필요하며 실시간 공동 문서 작업의 개념이 부족한 학생의 경우 다른 친구가 작성해놓은 내용을 실수로 삭제할 수도 있으니 이에 대한 지도가 필요하다.

나조차도 알지 못했던 편견과 고정관념 깨닫기

남성 중심의 IT 회사가 왜 이토록 문제가 되는 것일까? 무의식적 편견과 고정관념을 깨닫기 위해 다음과 같은 활동을 하였다. 남녀 성별을 인식하는 인공지능을 만든다는 상황을 가정하고 이러한 인공지능을 학습시키는데 필요한 데이터를 수집해보도록 한 것이다. 아이들이 수집한 사진의 90% 이상이 동양인 사진, 10대~20대에 속한 젊은 남녀의 사진이었다. 과연 이러한 데이터로 학습을 한 인공지능은 백인 노인 여성과, 흑인 여자 아동, 머리가 매우 짧은 여성, 머리가 아주 긴 남성 등의 성별을 제대로 인식할 수 있을까? 학생들은 자신들의 무의식적 편견을 깨달으며 놀라움을 금치 못했다.

편향된 데이터로 학습한 인공지능의 결과들

실제로 인공지능을 개발하는 개발자의 무의식적 편견과 고정관념이 인공지능에 그대로 전이되기도 한다. 그래서 결코 공평하지 않고 차별받았다는 느낌과 상처를 사람들에게 주는 인공지능이 만들어진다. 이에 대한 다양한 사례를 학생들과 나누었다.

구글 포토가 흑인을 고릴라로 분류한 사례

백인 중심의 데이터로 학습한 인공지능이 흑인을 사람으로 인식하지 못하고 고릴라로 인식해 흑인 사진에 '고릴라' 태그를 붙인 사건

아시아인의 얼굴을 눈을 감은 것으로 인식한 인공지능 여권 기계

여권을 자동 발급해주는 기계가 아시아인의 얼굴 을 눈을 감은 것으로 인식해 여권 발급을 거부한 사례. 서양인 중심 데이터로 학습한 인공지능은 상대적으로 눈이 작은 아시아인의 눈을 감은 것으로 인식함.

이러한 사례를 살펴본 뒤 학생들에게 질문을 던졌다.

"만약 남녀 차별적인 데이터를 학습한 인공지능이 나온다면?"
"전통적으로 남성 중심으로 돌아가는 IT 업계에서 만든 인공지능은 과연 성차별에서 자유로울 수 있을까?"

남성 중심의 IT가 만든 성차별적 서비스와 기술 사례 알아보기

남성 중심의 문화가 지배적인 IT에서 개발한 서비스와 기술에는 이미 성차별적 요소가 존재하고 있다. 학생들과 이러한 사례를 살펴보며 IT 업계가 계속해서 남성 중심으로 운영된다면

어떠한 문제와 위험이 있을 수 있는지 이야기하였다.

비서는 모두 젊은 여성?? '시리', '빅스비', '알렉사'

공교롭게도 인공지능 비서는 모두 젊은 여성으로 설정되어 있다. 아이폰의 '시리', 갤럭시의 '빅스비', 아마존의 '알렉사' 모두 여성 인공지능 비서이다. 비서는 젊은 여성이어야 한다는 무의식적 편견이 반영된 결과라고 볼 수 있다.

챗봇은 왜 전부 젊은 여성일까?
AI 챗봇 '이루다'

예쁘고 몸매가
좋은 가상 인플루언서

간호사는 여자, 의사는 남자?
인공지능 간호사 '몰리',

학생들과 수업 시간에 다루었던 사례는 인공지능 간호사 '몰리'였다. 본 수업 후 코딩 수업을 하던 중 한 학생이 문제를 제기했다. 학생용 코딩 프로그램인 엔트리의 캐릭터에도 성차별적 요소가 있다는 것이었다. 학생의 발견대로 엔트리에 제시된 의사 캐릭터는 남성, 간호사 캐릭터는 여성으로 설정되어 있었다.

🧑 7차시 – 8차시 : 남성 중심의 IT 회사! 해결 방법을 찾아 보자

해결방안 글로 적어보기

학생들에게 생각할 시간을 충분히 주지 않고 문제 해결방안을 토의하라고 했을 시 양질의 의견이 나오기 어렵다. 토의 시간 내내 해결방안을 생각하느라 한마디 말도 하지 않는 학생도 있으며 모든 모둠 구성원들이 생각에 잠기면 토의 자체가 이루어지기 힘들다. 따라서 모둠 토의 전 개별로 충분히 생각할 시간을 주고 이를 글로 적어보게 하는 것이 효과적이다.

해결방안 모둠 토의하기

각자 충분히 생각할 시간을 가진 후 글로써 자신의 생각을 정리해보면 해결방안에 대해 할 이야기가 많아진다. 이러한 준비가 완료된 후 모둠 토의를 시작해 구체적인 해결방안을 도출하도록 한다. 각자 충분히 생각을 한 후 생각을 글로 정리하는 시간은 수업 시간을 할애하기보단 과제로 제시하는 것을 추천한다. 글쓰기 주제에 대해 부모님과 이야기도 나눠보고, 온라인으로 자료도 찾아보며 보다 깊이 있는 생각을 정리해오는 경우가 많다.

한편, 모둠별 토의 결과 좋은 의견이 많아서 하나의 해결방안을 정하기가 어려웠다.

〈모둠별 토의 의견〉
- 남성중심문화를 개선해달라는 편지를 쓴 후 IT 기업에 보낸다.
- AI 로봇을 학습시키는 업무에 반드시 여성, 남성 직원의 비율을 평등하게 하여 참여하도록 한다.
- 여자 아이들도 어릴 적부터 기계, 컴퓨터에 관심을 가질 수 있도록 여자 아이의 눈높이에 맞는 교육을 시켜줄 것을 국민청원에 올린다.
- 우리들이 수업에서 다루었던 내용을 유튜브, 웹툰, 포스터, 코딩 프로그램 등의 형태로 제작해 사람들에게 널리 알린다.

이 때 한 학생이 좋은 아이디어를 제시하였다.

"결국 우리가 하고 싶고, 다루고 싶은 내용이 엄청 많아서 결정을 못하고 있는 상황인데 이 모든 것을 그림책에 담으면 되지 않아? 그림책에 포스터도 넣고, 그림도 넣고, 코딩 프로그램이나 영상으로 만든 것은 QR코드로 넣고, 편지도 써서 넣고. 그렇게 하면 되잖아."

이 친구의 의견에 다수의 학생들이 동의하였고 결국 그림책을 통해 남성 중심 IT 업계의 문제점을 알리고 성 평등한 IT를 만드는데 힘을 보태줄 것을 호소하자는 것으로 의견을 모았다.

🧍 9차시 – 10차시 : 그림책 준비하기

그림책 만들기 역할 분담하기

모든 학생이 그림책의 한 쪽씩을 책임지는 것으로 하였다. 각자 어떤 내용을 담고 싶은지 간단히 내용을 적어 제출하도록 하였다. 학생들의 제출 내용을 살핀 후 서로 중복되는 내용을 조정하고 그림책의 주제와 다소 동떨어진 내용은 주제에 맞게 수정하도록 했다. 이렇게 학생별로 담당할 내용을 보다 자연스러운 흐름으로 배열해 목차를 완성한 후 모든 학생들이 공유하였다.

그림책 페이지 세부 계획 세우기

학생 각자 맡은 페이지를 구체적으로 어떻게 구성할지 A4 용

가제: 잠 들어 [Listen] 오빠 남자들

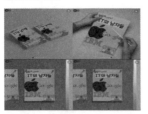

• <☞ 속표지 (제목, 만드는, 만드는 만인 소개)>

페이지1 - 이삭 [첫장 펼침: 손으로 그리도 되고, 디지털 앱으로 그려도 됨]

페이지2 - 멘토 [첫문 기사 원본: 가상 인물들이나 사진은 저작권 확인]

페이지3 - 나정 [선생님이 작성하며 수집함: 그림 • .!]

페이지4 - 서미

페이지5 - 은별 [학생이 시리 • 길은 건도 말하는건: 그림? • 글 • 그림쪽]

페이지6 - 동욱 [두 모양이 서로 대화하는 동작 느낌? • 글]

페이지7 - 시정 (☞ 학생이 대화하는 : 그림? • 글 • 아이디어 (사서 답은 도착 :주로 뭐가 사진 짓: 사진들 라인업 마무리)

세팅되었습니다.
- 책임! 그림: 🍎 : 비니마게 동계청을 서는 시장도 있었고요.
- 작성! 그림: 글: 이자기가 싶은 여성인 아니 [집에도 그런 많은 일었음했!]
- 느낌을 그대로 담은 기술부 비 다선및 점수 여성이 매우 기대됨? (☞ 생각 글그것) 기 나면

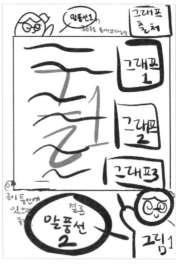

<그림책을 만들기 위해 목차를 정리하고 각 페이지별 계획을 세운 모습>

지에 세부 계획을 세우도록 하였다. 그림은 어떻게 그려서 어디에 배열할지, 글은 어떤 내용을 적어 어디에 배열할지, 말풍선을 사용할지, 직접 그려 작업할지, 디지털로 그려 작업할지 등세부 내용을 전부 계획하였다.

🏃 아침, 방과 후 시간 등 자투리 시간을 활용 : 맡은 페이지 완성하기, 책 제목 정하기, 책 표지 정하기

정규 수업 차시를 할애해 페이지를 완성하기에는 다른 과목의 진도가 급했다. 페이지 구성에 대한 세부 계획이 완성되었으므로 계획에 따라 페이지를 최종 완성하는 것은 개별 과제로 내주었다. 아침 시간, 방과 후 가정에서의 자유 시간을 활용해 과제를 완성하도록 하였고 마감 기한만 설정해두었다.

시간을 아끼기 위해 책 제목을 3가지씩 생각해오도록 숙제를 내주었다. 학생들이 숙제로 제출한 책 제목 중 좋은 의견을 추려낸 뒤 학급회의 시간에 투표를 진행하였다. 이를 통해 '초등학생들이 밝힌다 IT의 성차별 핫 IT슈' 라는 제목이 정해졌다.

책 제목에 맞는 책 표지를 간단히 디자인하여 제출하도록 과제를 내주었다. 제출된 과제 중 좋은 작품을 몇으로 추려낸 뒤 아침 시간을 이용해 투표를 붙여 최종 표지 시안을 확정했다.

<방과 후 가정에서의 자유 시간을 활용해 완성한 그림들>

교사의 마무리 : 그림책 내지 및 표지 전문 디자인 의뢰하기, 가제본

학생이 제출한 페이지 세부 계획서, 학생이 작성한 글, 학생이 제출한 그림을 교사가 편집하여 그림책 파일을 완성했다. 본 수업의 경우 '미리캔버스'를 통해 작업했다.

<학생들이 그려온 책 표지 그림>

〈그림책 만들기 TIP〉

학생들이 그린 그림을 교사가 '미리캔버스' 등의 툴을 이용해 작업하는 경우 학생들의 그림을 스캔하는 과정이 필요하다. 이 때 유용하게 사용할 수 있는 앱으로 〈캠스캐너〉를 추천한다. 스마트폰으로 사진만 찍으면 바로 스캔이 되니 사용하기도 쉽고 매우 편리하다. 필자는 무료 버전 사용 후 유료로 전환해 사용 중인데 결코 돈이 아깝지 않다.

한편 학생들이 그린 그림으로 디자인 작업을 할 시 배경은 없애고 개체만 넣고 싶은 경우 가 있다. 이 때에는 '리무브 비지'(https://www.remove.bg/ko)를 추천한다. 이 역시 파일만 업로드하면 순식간에 배경을 지워주니 쉽고 편하게 사용할 수 있다. 단, 고화질 파일로 다운로드하고자 할 때에는 유료 결제를 해야한다.

<미리캔버스를 통해 디자인한 내지의 모습>

책 겉표지는 책의 얼굴로써 그 기능이 매우 중요하므로 전문 디자이너에게 의뢰하기로 하였다. '크몽'(https://kmong.com/) 사이트를 통해 디자인 비용을 최대한 절감하고자 하였으며 미리 신청해둔 '우리가 꿈꾸는 교실' 예산을 사용해 디자인 비용을 지불했다. 학급 투표로 최종 결정된 표지 시안을 디자이너에게 전달하고 해당 시안을 바탕으로 표지를 디자인해줄 것을 의

<투표로 결정된 책 표지 시안을
디자이너에게 의뢰해 완성한 모습>

뢰하였다.

본격 그림책을 인쇄하기 전 그림책에 수정할 부분은 없는지, 인쇄 상태는 양호한지 등을 점검하기 위해 가제본을 했다. 인쇄 업체에 대한 정보를 많이 찾아본 결과 '북토리'(https:// booktory.com/) 라는 곳이 꽤 저렴했다. 하드커버 제작은 비용이 많이 듦에도 불구하고 북토리를 통해 꽤 저렴한 금액으로 하드커버 그림책을 제작할 수 있었다.

<가제본한 책의 모습>

시대 변화에 따른 판매 방식의 변화 알아보기

그림책을 보다 완성도 있게 제작하기 위해 하드커버 제작이 필수였다. '북토리'라는 업체를 통해 최대한 저렴한 견적을 찾았으나 그럼에도 불구하고 이를 많은 양으로 제작해 외부에 알리는 것에는 예산에 한계가 있었다. 그림책을 단순 학급에서 읽고 끝낼 것이 아니라 외부에 알려 남성중심의 IT 문화의 문제점을 널리 알리고 이러한 문제에 대한 해결을 촉구하는 것이 목적이었으므로 그림책의 대량 인쇄는 꼭 필요한 일이었다.

정보 검색을 하던 중 '크라우드 펀딩'(Crowd Funding)에서 답을 찾았다. 크라우드 펀딩은 서비스 및 상품에 대한 아이디어는 있으나 예산이 부족해 실제로 구현하지 못하는 사람 및 개인이 민간 후원을 유치해 후원금을 받은 뒤 그 후원금을 바탕으로 아이디어를 구현하는 일이었다. 본 수업에 꼭 부합하는 활동이었다. 크라우드 펀딩에 대한 자세한 내용을 알고 싶어 「크라우드 펀딩으로 돈 벌기」라는 도서를 구입해 정독하였다.

학생들에게 시대 변화에 따른 다양한 판매 방식에 대해 소개하였다. 기술과 아이디어는 있으나 오프라인 매장이 없어 판매 경로가 없는 이들을 위한 '아이디어스'(www.idus.com), 인스타그램, 블로그, 페이스북 등을 통한 SNS 판매, 그리고 이러한 마켓을 '세포마켓'[13]이라고 일컫는다는 점도 함께 알려주었다. 이제는 아이디어와 기술이 있으면 개인도 얼마든지 물건을 사고 팔아 수익을 창출할 수 있다는 대목에서 아이들은 신기해하고 도전 의식을 불태웠다. 더불어 크라우드 펀딩도 소개했다. 아이디어는 있으나 예산상의 문제로 아이디어를 구현하기 어려운 우리와 같은 사람들에게 크라우드 펀딩이 좋은 대안이 될 수 있음을 알려주었다.

투자자의 마음을 이끄는 마케팅 기술 알아보기

그림책에 담은 우리들의 가치에 많은 사람들이 공감하도록 하고 또, 그림책에 후원하도록 하기 위해 어떤 것들이 필요한지 알아보았다. 그림책 펀딩을 진행할 '텀블벅'(tumblbug.com) 홈페이지를 방문해 성공적으로 펀딩을 마친 상품들의 홍보글 작성 방식, 이미지의 특성 등을 분석하였다.

본 학급에서 제작한 그림책의 경우 학생들이 수업을 통해 사회 문제를 발견하고 이를 해결하기 위해 목소리를 내었다는 점, IT의 성 불균형 문제가 해결되길 바라는 간절한 진심을 담았다는 점, 모든 페이지를 학생들이 직접 제작하였다는 점, 아이들

---

13) 세포마켓이란 1인 미디어 시대에서 인스타그램이나 페이스북 등 소셜네트워크서비스(SNS)를 통해 행해지는 1인 마켓을 말한다. SNS를 통해 물건을 직접 판매하는 개인 판매자들이 증가하는 현상을 표현한 것으로, 세포 단위로 유통시장이 분할되는 모습을 비유한 것이다. 이는 SNS 활용 인구 증가와 각종 비대면 결제 서비스의 발달과 함께 급증하고 있는 추세다.

이 살아갈 세상이 더 나아질 수 있도록 어른들이 힘을 보태주었으면 좋겠다는 점을 부각해 그림책에 대한 후원을 호소해보기로 하였다.

'텀블벅' 사이트에 프로젝트를 올리고 글을 작성할 수 있는 대상은 성인만 가능하므로 아이들과 논의한 내용을 바탕으로 필자가 글을 썼다. 처음에는 글을 쓰는 화자를 학생으로 설정해 글을 작성하였으나 이는 규정 위반에 해당하여 반려처리가 되었다. 다시 교사의 입장으로 화자를 설정해 우리의 뜻에 공감하여 후원을 해줄 것을 호소하는 프로젝트 홍보 글을 완성했다.

<크라우드 펀딩 사이트에 프로젝트를 게시한 모습>

크라우드 펀딩 사이트에 프로젝트를 올린 후 펀딩을 시작하였다.

'텀블벅' 사이트에 프로젝트를 올린 것만으로 투자 목표 금액을 달성하기란 어려운 일이었다. 상품 판매에는 다양한 홍보가 뒤따라야 함을 학생들과 이야기하고 그림책 홍보 또한 아이들과 함께 고민하였다. IT 회사 게시판에 진행 중인 펀딩 링크를 올리자는 의견, 틱톡·인스타그램·블로그·유튜브 등 SNS에 올리자는 의견, 인스타그램, 페이스북에 유료 광고를 하자는 의견, 부모님들을 통해 부모님들 지인에게 펀딩 소식을 알리자는 의견, 학원 선생님·친구·사촌 등 아는 사람 모두에게 링크를 전송하자는 의견 등 여러 가지 의견들이 있었다.

학생과 교사 개인이 할 수 있는 여러 가지 방법으로 각자 홍보에 힘썼다. 필자의 경우 모든 시민이 기자가 될 수 있는 공간 '오마이뉴스'(http://www.ohmynews.com/)와 여성가족부 홈페이지에 펀딩 소식을 알렸다.

얼마 후 '오마이뉴스'에 펀딩 소식에 대한 기사가 실리게 되었다.

〈IT 성차별 때문에 그림책 만든 5학년, 이런 것도 합니다, 오마이뉴스〉

🎤 수업 후 이야기 : 국회에 초청되다! 뉴스로도 알려지다! 진 짜 세상과 만나다!

그림책

[그림책] 초등학생들이 밝힌다! IT의 성차별 핫IT슈

남녀가 평등한 IT! 그 속에서 평등한 기술과 서비스가 개발되길 바라는 초등학생들의 목소리

모인 금액
1,568,200원   104%

🔵 53명의 후원자가 있습니다.

<104%의 펀딩을 달성한 모습>

    펀딩에 성공해 그림책이 세상에 나올 수 있었다. 우리들이 만든 그림책이 실제 삶을 사는 누군가에게 닿아 의미를 주었다는 사실에 필자는 물론 학생들도 감동했다.

    그런데 더욱 놀라운 점은 우리들의 활동이 한 국회의원에게

<블로그, 인스타그램을 통해 그림책 구매 후기를 남겨준 모습>

알려졌다는 사실이다. 당시 국회부의장이자 과학기술정보방송
통신위원회 위원이었던 김상희 국회의원은 성평등과 특히 IT

<초등학생의 눈으로 본 IT분야 성차별 국회 발표회 현장>

업계의 성비 불균형 문제에 관심이 많았다. 김상희 국회부의
장의 초청으로 학급 학생들이 국회에 방문해 수업에 대한 발표
회를 진행하였으며 행사에 대한 기사가 한겨레 신문에 실리기
도 했다.

〈왜 안내 목소리는 여자, 의사 캐릭터는 남자인 걸
까요?. 한겨레신문〉

〈국회부의장 김상희, 서울방화초 5학년 1반 초등
학생의 눈으로 본 IT 분야 성차별 국회 발표회 현
장. 김상희TV〉

한편 이때의 국회 발표가 인연이 되어 추후 사회 수업을 국회에서 진행하기도 하였다. 그림책 수업이 끝나고 필자는 해가 바뀌어 6학년 학급을 맡게 되었는데, 6학년 사회에서 배우는 내용 중 '국회에서 하는 일을 알아봅시다'라는 차시가 있었다. 국회에서 하는 일을 국회를 방문해 국회의원에게 직접 배울 수 있으면 좋겠다는 생각이 들었다. 김상희 국회의원실에 연락을 하니 진성준 국회의원실을 연결해주었다. 진성준 국회의원실과 함께 수업을 계획해 학생들이 국회에 방문하였고 실제 국회의원들이 회의를 하는 회의실에서 국회의원 보좌관, 비서관에게 자세한 이야기를 들을 수 있었다. 또한 지역구의 국회의원을 직접 만나 궁금한 점을 질문하고 이야기를 들으며 보다 생생하고 유의미한 학습을 할 수 있었다.

<국회 회의실에서 수업 받는 모습 및 단체 사진>

트렌디한 미래교육 두 번째 사례

  – 독거 어르신들을 위한 깜짝 선물

주제 : 지속가능개발목표 11. 지속가능한 도시와 지역사회

관련 교과

교과	단원명 및 차시
국어	6학년 1학기 2단원. 〈이야기를 간추려요〉 5-6차시 : 이야기를 읽고 요약하기
도덕	6학년 1학기 2단원. 〈작은 손길이 모여 따뜻해지는 세상〉 2차시 : 나눔과 봉사, 실천의 힘을 길러요 3차시 : 진정한 봉사란 무엇일까요 4차시 : 마음속에 봉사의 씨앗을 뿌려요
미술	6학년 1학기 2단원. 〈행복한 미술 여행〉 6차시 : 이미지로 마음을 전해요

핵심 역량

핵심역량	관련 활동
언어 · 상징 해석 활동	• 국어 교과서 작품 〈우주 호텔〉 독해 및 교과서 문제 풀기
지식 · 정보 활용 활동	• 노년층 인구가 겪는 어려움, 이에 힘을 보탤 수 있는 해결방안 조사 후 글로 정리하기
특정 기능 · 기술을 활용한 문제 해결	• 비누 카네이션 만들기 • 카네이션 포일아트 편지쓰기 • 어르신께 힘이 되는 그림 그리기
타인과의 갈등 해결 · 협동 활동	• 노인종합복지관 소속 사회복지사와 해결방안 함께 논의하기

학생의 자율적 활동	• 어르신과 직접 만나 대화 나누기
공동체 문제 해결	• 노인종합복지관 방문 후 어르신께 선물 건네기 • 어르신과 대화나누기 • 어르신을 위한 축하무대 선보이기 • 어르신들을 위한 기부금 건네기

수업 배경 및 의도

　6학년 국어 시간에 배우는 문학작품 중 〈우주호텔〉이라는 작품이 있다. 이 작품은 무기력하고 외롭게 살아가는 할머니가 자신의 집 근처로 이사를 온 '메이'라는 아이와 그 무렵 동네에 새로 등장한 다른 할머니와 교류를 하고 친밀감을 쌓게 되면서 점차 삶에 대한 의지와 활기를 찾게 된다는 내용을 담고 있다. 주인공 할머니가 밝고 긍정적인 태도로 삶을 대하게 되는데 있어 특히 도움을 준 인물이 '메이'라는 아이다. 그 중에서 '메이'가 그린 〈우주호텔〉이라는 그림은 할머니에게 많은 깨달음을 주었다.

　이 작품을 읽고 우리 반 아이들의 순수하고 활기찬 에너지 또한 지역의 어르신께 작은 도움이 될 수 있지 않을까 하였다. 현재 고령화 인구가 증가함에 따라 노인 일자리 부족, 노년층 양극화, 노년층 디지털 리터러시, 노년층 빈곤 등 여러 가지 사회문제가 발생하고 있다. 현 사회에서 노인 인구가 겪고 있는 문제점을 파악하고 그 중에서도 우리들의 힘을 보탤 수 있는 주제를 정해 아이들과 해결방안을 논의 후 도움을 드리면 좋겠다고 생각했다.

이를 통해 그간 학생들이 평소 생각할 기회가 많지 않았던 노년층이 겪고 있는 문제에 대해 생각해보는 계기를 마련하고 이러한 문제의 심각성과 해결 의지를 가질 수 있도록 하고자 했다. 또한 지역 어르신을 위해 직접 마음을 보태는 활동을 함으로써 가까운 이웃에게 관심을 갖고 도움을 건네는 공동체 의식을 기르고자 하였다. 또한 개인의 작은 마음이 모이면 누군가에게는 힘이 될 수 있음을 몸소 체험함으로써 사회 문제에 적극 참여하고 힘을 보태는 시민의식을 기르도록 하였다.

구체적 수업안 〰〰〰〰〰〰〰〰〰〰〰〰〰〰〰〰〰〰〰〰

🧑‍🏫 1차시 – 2차시 : 국어 교과서 작품 <우주호텔> 이해하기

교과서 지문 읽고 문제 해결하기

본 수업은 국어 교과서에 수록된 작품 〈우주호텔〉에서 출발하므로 교과서 지문을 꼼꼼히 읽고 교과서에 제시된 문제를 차근차근 풀어보며 작품에 대해 집중하는 시간을 가졌다.

교사의 질문을 통한 프로젝트 주제로의 자연스러운 초대

프로젝트 수업은 자연스럽게 시작하는 것을 추천한다. 이를 위해 교사는 사전에 치밀한 계획을 세워야 한다. 교과서를 읽고 제시된 문제까지 모두 풀어본 뒤 필자의 자연스러운 발화를 통해 아이들을 프로젝트 주제로 이끌었다.

"애들아. 그런데 되게 놀랍지 않아? 부정적이고 삶에 대한 낙도 없고 어찌 보면 조금 심술궂기까지 했던 할머니가 메이 덕에 완전히 달라지셨잖아. 어린이들이 가진 힘은 정말 대단해. 혹시 너희들도 할머니, 할아버지를 기쁘게 해드렸던 경험 있어?"

아이들이 저마다 할머니, 할아버지를 기쁘게 해드렸던 경험을 발표하였다. 어린 시절 트로트를 불러드리면 할머니, 할아버지의 눈에서 꿀이 뚝뚝 떨어졌다는 이야기, 어버이날에 할머니께 편지를 써 드렸는데 정말 좋아하셨다는 이야기, 할머니께 용돈을 모아 반지를 사드렸다는 이야기 등 따뜻한 이야기들이 많이 나왔다.

"애들아. 너희들 진짜 마음이 따뜻하구나. 선생님 완전 감동 받았어. 애들아, 우리 이번에는 다 같이 마음을 모아 어르신들께 힘이 되어 보는 건 어때? 메이처럼 말이야."

본 프로젝트는 이렇게 시작되었다.

　우리들이 어르신들을 위해 어떠한 도움을 드릴 수 있을지 생각해보기 위해 우선 어르신들이 어떤 불편함과 어려움을 겪고 있는지를 파악했다. 자료 조사 및 글쓰기는 학교에서 하는 것보다 숙제로 내주었을 때 보다 효과적이다. 학교에서는 시간 제약이 있어 빨리 해야 한다는 조급함이 있지만 기간을 여유 있게 주고 숙제로 해오도록 하면 자신의 속도에 맞게 깊이 생각할 수 있고 풍성한 내용을 담은 글쓰기가 가능해진다.

　글쓰기를 통해 스마트폰, 키오스크, ATM, 음식점 QR 체크인 등에서 어려움을 겪는 디지털 소외, 삶의 끝자락에서 삶을 포기하는 노포세대, 신조어를 쓰는 어린 세대와의 언어 장벽, 일자리 부족, 외로움과 소외, 좌식으로 앉아야 하는 식당에서의 불편함 등 다양한 문제가 발견되었다. 그동안 할머니, 할아버지와 함께 거주하면서도 포착하지 못했던 어려움들을 이번 글쓰기 과제를 통해 새삼 알게 되었다는 학생들도 많았다. 코로나 시기 QR 체크인이 어려워 식사를 포기하고 식당에서 다시 집으로 발걸음을 돌렸다는 할아버지의 말씀을 듣고 울컥했다는 아이도 있었고, 할머니께서 좌식 식당에서 식사하는 것이 그토록 어려운 줄 몰랐는데 숙제를 위해 할머니를 인터뷰하는 과정에서 할머니의 어려움을 알게 되었다는 학생도 있었다.

🧑‍🏫 3차시 : 주제 정하기

학생들이 글로 써온 내용을 바탕으로 어떤 문제에 집중해 도움을 드리면 좋을지 토의를 통해 주제를 정하도록 하였다. 주제를 정할 때엔 우리들이 실질적인 해결방안 또는 도움을 제공할 수 있을지 고려하도록 했다. 토의 결과 '어르신들을 위한 키오스크 사용 방법 알려드리기'로 주제가 정해졌다.

🧑‍💼 교사의 준비 : 기관 섭외 및 학교장 결재, 학부모 동의

학생들과 정한 내용을 실제 실현하기 위해 우리들이 도움을 드릴 수 있는 기관을 섭외해야 했다. 학교 근처 노인정, 복지관 등에 전화를 걸어 본 프로젝트의 의도 및 세부 계획을 설명하고 프로젝트를 함께 진행할 기관을 섭외했다. 그 결과 강서노인종합복지관과 프로젝트를 함께 진행하게 되었다. 그런데 담당자(사회복지사)와 통화한 결과 계획했던 내용에 대한 수정의 필요성을 느꼈고 이러한 내용을 아이들과 함께 공유하기 위해 담당 사회복지사를 교실로 초청하기로 했다.

본 프로젝트를 실행하기 위해서는 학급 아이들이 학교 밖으로 나가 직접적인 활동을 해야 했다. 학교장에게 수업의 의도와

취지, 세부 일정 등을 이야기하고 외부로 나가도 좋다는 승인을 얻었다. 이 경우 학급체험학습의 형태로 기안을 올리고 결재를 받아 나가게 된다.

아이들을 데리고 밖으로 나가는 일은 생생한 수업을 가능하게 한다는 점에서 의미가 있으나 한편으로는 각종 사고 및 안전에 대한 우려가 있어 교사에게는 매우 부담스러운 일이기도 하다. 학부모에게 역시 수업의 의도와 취지, 세부 일정 등을 상세히 안내하고 동의를 받는 절차를 거쳐야 한다.

<학급운영 팁>

1년 간 학생들과 다양한 프로젝트 수업을 진행하다보면 외부로 체험학습을 가야하는 경우, 주말을 이용해 작업해야 하는 경우, 학부모에게 준비물 협조를 구해야하는 경우 등 학부모의 동의와 도움이 필요한 경우가 많다. 이를 위해 필자는 학기 초 학급밴드를 개설하고 학부모와 지속적으로 소통한다. 교사의 교육 철학, 수업 운영, 학급 경영에 대해 홍보하고 실제 교육이 이루어지는 학급의 모습을 사진 찍어 수시로 밴드에 업로드 한다. 한 해 동안 밴드에 올린 사진이 약 6천여 장 정도이다. 이를 통해 학부모와 소통하고 신뢰를 형성할 수 있으며 학급 활동에 대한 동의와 협조도 쉽게 얻을 수 있다. 동의와 협조를 넘어 응원과 지지를 받기도 한다.

🧍 4차시 : 사회복지사 교실 초청 강연 및 활동 주제 변경

사회복지사 교실 초청 강연

사회복지사 분을 교실로 초청해 이야기 듣는 시간을 마련했다. 어르신들이 마주한 생생한 어려움, 그로부터 느낀 생각 등 사회복지사의 이야기를 들으며 학생들은 프로젝트 활동에 대한 동기를 더욱 강화하게 되었다.

활동 주제 변경

학생들과 처음 정한 주제는 어르신들께 키오스크 사용법을 알려드리는 것이었다. 그러나 사회복지사 분과 이야기를 나누며 현실적으로 이는 실행하기 어려운 점이 많다는 것을 알 수 있었다. 학생들과 어르신이 실제 매장을 방문해 오랜 시간 키오스크 사용법에 대해 이야기를 하려면 음식점 섭외가 되어야 하는데 이러한 음식점 섭외의 어려움과, 한 번의 시간으로 사용법을 전부 알려드리기 어렵다는 문제, 또 막상 초등학생들도 키오스크를 능숙하게 다루지 못하는 경우가 많다는 것이었다.

사회복지사 분이 새로운 아이디어를 제안해주었다. 매년 어버이날 독거 어르신이 특히 외로움과 상실감을 크게 느끼는데 마침 어버이날을 앞두고 있으니 이러한 어르신께 힘이 되어드리는 것이 좋을 것 같다는 것이었다. 그리하여 기존의 '키오스크 사용법 알려드리기'에서 '독거 어르신을 위한 어버이날 깜짝 선물'로 주제를 변경하였다. 다행히 아이들도 주제 변경에 동의해주었다.

사회복지사 분과 더 많은 논의 끝에 구체적으로 어떠한 도움을 드리면 좋을지도 함께 결정하였다.

- 〈우주호텔〉에서 메이가 했던 것처럼 어르신을 위한 그림 그려 선물하기
- 카네이션 만들기
- 편지 쓰기
- 신나는 무대 꾸미기

위와 같이 구체적 방법이 정해졌다. 사회복지사 분과 이야기를 하며 놓치고 있던 부분을 확인하기도 하였다. 복지관의 어르신들 중 작은 글씨를 못 읽으시는 분이 많고 또 한글을 읽지 못하는 분도 많다는 것이었다. 따라서 편지를 쓸 때에는 글씨를 크게 쓰고, 또 직접 읽어드리면 좋을 것 같다는 의견을 주었다. 또한 카네이션은 금방 시들어 버려지고 조화로 만든 카네이션도 결국 나중에는 쓰레기가 되기 때문에 비누처럼 소비해서 없어지는 방법이면 환경에도 좋을 것 같다고 했다. 그리하여 카네이션은 비누로 만들기로 하고 편지 역시 글씨를 크게 쓴 뒤 직접

어르신들께 읽어드리는 것으로 하였다.

🐾 아침, 방과 후 시간 등 자투리 시간 활용 : 그림 완성하기

어르신들께 드릴 그림은 마감 날짜를 넉넉히 주고 최대한 정성을 들여 완성하도록 안내했다. 수업 시간에 작품 활동을 하면 시간에 쫓겨 완성도가 떨어질 수 있기 때문이다. 다른 교과 진도도 생각하지 않을 수 없었기에 그림은 아침 시간, 방과 후의 개인적인 시간을 할애해 완성하도록 했다. 학생이 제출한 그림은 종이 액자에 넣어주었다. 종이 액자는 '우리가 꿈꾸는 교실' 예산을 이용해 구입했다.

<학생들이 그린 그림을 종이 액자에 넣은 모습>

카네이션 비누의 경우 활동 방법 안내가 필요하므로 미술 시간을 할애해 학생들과 함께 만들었다. 비누클레이로 만드는 카네이션 키트를 구입해 설명서를 보며 쉽게 만들 수 있었다.

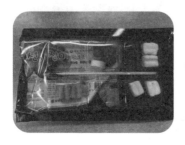

<비누카네이션 키트, 비누카네이션>

카드에도 학생들의 정성을 담고자 포일아트 카네이션 카드를 구입해 학생들이 직접 카드를 꾸미고 글을 쓸 수 있도록 하였다.

<학생들이 쓴 카드>

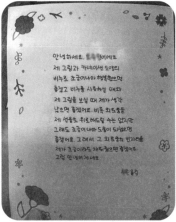
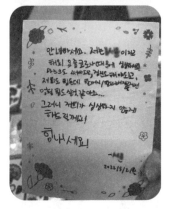

<학생들이 쓴 카드>

🧑‍🤝‍🧑 학급 체험학습 : 어르신들을 위한 깜짝 방문

　준비한 선물을 모두 챙겨 어르신들이 계신 강서노인종합복지관을 방문했다. 사회복지사분이 학생 수에 맞춰 어르신들을 미리 섭외해 주었고 행사를 진행할 공간도 확보해주었다.

<어르신들을 위해 준비한 선물>

다함께 인사를 드리고 학생과 어르신이 짝을 지어 담소를 나누고 편지도 읽어드리고 준비했던 카네이션과 그림을 드렸다. 학생들은 저마다 그림에 어떤 의미를 담았는지 이야기를 드렸으며 그림에 담긴 자신들의 마음을 기억하며 힘을 내시라 전했다. 어르신과의 시간을 어색해하면 어쩌지 내심 걱정을 하였는데 아이들은 오히려 시간이 모자랐다며 아쉬워했다.

<노인종합복지관을 방문해 어르신들과 대화를 나누는 아이들>

어르신을 위한 무대도 선보였다. 가수 박상철의 〈무조건〉이라는 노래에 맞춰 춤을 추었는데 어르신들 역시 같은 노래에 맞춰 율동을 미리 준비해 화답의 무대를 보여주었다.

<어르신을 위한 무대>

이렇게 프로젝트 수업이 마무리되었다.

<수업 후 단체 사진>

🔖 수업 후 이야기 : 어르신과의 인연! 기부로 이어지다

본 수업은 5월에 진행되었다. 그 후 학급에서 아이들과 국어 시간에 만든 속담을 활용한 달력을 제작하였다. 이 역시 크라우드 펀딩을 진행해 달력 제작비를 모았는데 생각보다 많은 금액이 모금되었다.

금액 중 일부를 좋은 곳에 쓰면 좋을 것 같아 아이들과 논의하던 중 학기 초 방문했던 노인종합복지관을 떠올리게 되었다. 사회복지사 분과 다시 연락하여 작은 금액이지만 기부금을 전달하고 소소한 기념행사를 했다.

<독거어르신들을 위한 후원금 전달>

〈방화초등학교 6학년 2반, 어르신을 위한 후원금
전달. 강서뉴-우스〉

　행사 후 사회복지사분이 강서노인종합복지관 홈페이지에 이
소식을 뉴스로 올려주었고 학급 아이들에게도 공유해주었다.

　학급에서 기부한 금액이 어떤 좋은 곳에 쓰였는지도 확인할
수 있었다. 독거 어르신 아홉 분께 쌀을 구입해 드렸다는 소식
이었다. 아이들의 작은 도움이 어르신께 전달되었음을 생생히
느낄 수 있도록 사진도 함께 공유해주었다.

<후원금으로 독거어르신들께 쌀을 전달하였다>

학기 초 프로젝트를 통해 인연을 맺게 된 강서노인종합복지
관의 어르신들께 마지막에도 작은 도움을 드릴 수 있어 매우 뜻
깊은 시간이었다. 학기 초 어르신을 만나고 온 아이들은 학기 중
종종 그 때 그 어르신들이 잘 계시는지 안부를 궁금해 하고 또
만나고 싶다고 이야기하기도 했다. 이러한 아이들 역시 학기 말
다시 한번 어르신들과 인연을 맺고 따뜻한 마음을 전할 수 있어
매우 뿌듯해하였다. 학생과 교사, 지역 어르신, 사회복지사 모
두에게 행복한 수업이었다.

☀️ 트렌디한 미래교육 세 번째 사례
– 깨끗한 급식실 만들기 프로젝트

주제 : 지속가능개발목표 11. 지속가능한 도시와 지역사회

관련 교과

교과	단원명 및 차시
국어	5학년 2학기 3단원. 〈의견을 조정하며 토의해요〉 9-10차시 : 의견을 조정하며 토의하기
도덕	5학년 도덕 2학기 〈우리가 만드는 도덕 수업1〉
실과	5학년 2학기 3단원. 〈생활 속 소프트웨어〉

핵심 역량

핵심역량	관련 활동
언어 · 상징 해석 활동	• 자신의 의견을 뒷받침하는 자료를 찾아 읽으며 학급 토의 준비하기
지식 · 정보 활용 활동	• 정교한 이미지 인식 인공지능 모델을 만들기 위한 정보 탐색 및 활용
특정 기능 · 기술을 활용한 문제 해결	• 급식실 게시용 캠페인 포스터 만들기 • 행사 안내 게시물 만들기 • 엔트리를 이용한 인공지능 프로그램 만들기
타인과의 갈등 해결 · 협동 활동	• 급식실 문제 해결 방안 및 실행 계획에 대한 토의하기
학생의 자율적 활동	• 오류 발생 확률이 적은 인공지능 모델 만들기
공동체 문제 해결	• 깨끗한 급식실 만들기 • 올바른 급식실 사용 장려하기

수업 배경 및 의도

본 수업은 2021 융합인재교육 수업 아이디어 공모전에 출품해 상을 받았던 작품이다. 당시 5학년 학급 담임을 맡아 학급특색활동으로 1년 간 인공지능 수업을 진행했다. 수업 시간에 배운 내용이 단순히 수업으로 끝날 것이 아니라 인공지능이 실제 문제해결에 유용한 도구로 활용된다는 경험을 시켜주고 싶었다. 따라서 학생들에게 인공지능을 활용한 실생활 문제 해결의 경험을 주기 위해 본 수업을 설계하였다.

학생들이 친숙하게 느낄 수 있는 학교라는 공간, 그중에서도 급식실을 문제 해결의 공간으로 설정하고 인공지능 블록 코딩과 마이크로비트를 이용해 문제를 해결해보고자 했다. 이를 통해 학생들이 인공지능이라는 기술에 대해 보다 깊이 이해하고 이에 대한 흥미를 가질 수 있기를 기대하였다. 궁극적으로는 인공지능을 활용해 우리 주변의 문제를 해결할 수 있는 역량을 키우고 이러한 태도를 습관화하는 데 도움을 줄 수 있기를 기대하였다.

다양한 학교 공간 중 급식실을 문제 해결 공간으로 설정한 것은 평소 급식실에서 학생들의 식사를 지도하며 많은 문제의식을 느꼈기 때문이다. 그중 가장 심각한 것은 학생들이 자신이 흘린 음식물을 치우고 가지 않는 것이었다. 흘린 음식물을 치우지 않아 다음에 식사하는 학생이 불편함을 겪거나 바닥에 흘린 국물을 밟고 미끄러지는 등 사고가 발생하기도 했다. 또한 자신이 흘린 음식물을 치우지 않는 것은 자신의 책임을 급식 도우미 선생님들께 전가하는 일이며, 자신이 음식물을 흘린 줄 알면서도 치우지 않고 가는 것은 양심에 거스르는 일이기도 하다. 따라서 자신이 흘린 음식물은 자신이 책임지는 책임감, 흘린 음식을 보고도 못 본 척 하지 않는 정직함, 함께 급식실을 사용하는 친구 및 급식 도우미 선생님 등을 생각하는 배려하는 마음을 기르기 위해 '깨끗한 급식실 만들기' 활동을 주제로 선정하게 되었다.

구체적 수업안 ~~~~~~~~~~~~~~~~~~~~~~~~~~~~~~~~~~~~~~

🧑 1차시 – 2차시 : 급식실 관찰 카메라 및 급식실 관찰을 통해 우리 학교 급식실 문제 인식하기

급식실 관찰 카메라 시청하기

프로젝트 주제로 학생들을 자연스럽게 초대하기 위한 방법을 고민하던 중 학생들의 실태(?)를 생생하게 보여주어야겠다고 생각했다. 학생들이 급식실에서 식사하는 모습을 비밀리에 촬영하고 학생들이 식사를 마치고 떠난 자리를 사진으로도 촬영

<식사 후 촬영한 급식실 모습>

하였다. 학생들에게 영상과 사진을 보여주었을 때 학생들은 적 잖이 당황하였고 부끄러워하기도 했다.

급식실 관찰을 통한 문제 인식하기

우리 학교 학생들의 급식실 이용 현황을 정확히 파악하기 위 해 학생들과 급식실로 향해 직접 관찰해보기로 했다. 식사 중인 학생들과 선생님이 당황스러울 수 있으므로 사전에 협조를 구 하였으며 급식실 선생님들과 영양사님께도 미리 협조를 구했 다. 우리 학교 학생들이 식사 후 자신이 흘린 음식물을 잘 치우 는지 관찰하도록 했고 또 다른 문제점은 없는지 발견하도록 했 다. 관찰한 내용은 사진으로도 기록하도록 안내하였다.

<학생들의 급식실 사용 모습을 관찰하는 중>

우리 학교 학생들이 급식실을 이용하는 모습을 관찰하며 지 저분한 자리는 스스로 치워주는 학생들도 있었다.

<지저분한 자리를 스스로 치우는 아이들>

　학생들이 관찰 후 촬영해온 사진 중에는 꽤 심각한 것들이 많았다.

<학생들이 촬영한 급식실 모습>

급식실 관찰 후기 공유하기

　관찰을 마친 뒤 교실에 돌아와 급식실 관찰 후기에 대해 이야기를 나누었다.

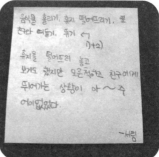

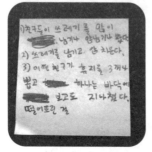

<급식실 관찰 후기>

　직접 관찰을 하고 나니 아이들도 문제의 심각성을 보다 생생하게 느낀 듯 보였다. 문제해결에 대한 열의를 보여주는 학생들도 많았다. 프로젝트 주제에 대한 동기가 효과적으로 유발된 것 같아 앞으로의 수업이 기대되었다.

3차시 - 4차시 : 급식실 문제 해결을 위한 아이디어 토의 하기

　앞서 발견한 우리 학교 급식실의 문제를 어떻게 해결하면 좋을지 모둠별 토의를 진행하였다. 모둠별 토의 결과 제시된 의견은 아래와 같았다.

〈학생 토의 결과〉

– 우리들이 치우는 모습을 직접 보여준다.

– 흘린 음식물은 스스로 치우라는 내용의 게시물을 붙인다.

– 음식을 흘리고 간 친구들에게 3일 동안 교실 청소를 시킨다.

– 쓰레기를 잘 버린 친구에게 별점을 주어 7점을 모으면 급식을 받을 때 맨 앞 줄에 서게 한다.

– 모둠별로 먹은 자리를 잘 치웠는지 서로 점검할 수 있게 하고 잘 치운 모둠은 간식을 받는다.

– 급식실 스피커로 '흘린 음식을 꼭 치우고 가세요" 라는 멘트를 들려준다.

– 급식실에 카메라를 설치하고 카메라가 안 치운 자리를 인식하게 한 뒤 안 치운 자리가 카메라에 인식되면 스피커에 녹음된 안내 멘트, 또는 경고음이 재생되도록 한다.

– 급식실을 청소하시는 분이 얼마나 힘들게 치우시는지 영상을 찍고 전교생에게 보여준다.

좋은 의견이 많이 제시되었다. 사실 본 수업을 계획할 때에 인공지능을 이용한 문제해결에 초점을 두었는데 학생 토의에서 이러한 해결방안이 나오지 않는다면 어떻게 수업을 원하는 방향으로 끌어가야할지 고민이 깊었다. 그런데 다행스럽게도 한 모둠에서 인공지능을 이용한 해결 방안을 제시해주어 고민을 덜 수 있었다.

학생 토의 결과 최종 선정된 해결 방안은 아래와 같이 정해졌다.

- 먹고 난 자리를 대신 치워주는 급식실 봉사를 통해 학생들에게 모범을 보이고 미안한 마음을 유발하여 직접 치울 수 있도록 하기
- 자신이 흘린 음식물은 직접 치우도록 급식실 자리마다 캠페인 문구 붙이기
- 음식물을 잘 치우고 간 학생에게 깜짝 간식 제공하기
- 인공지능 코딩을 활용해 문제해결하기

이러한 해결 방안 중 '인공지능 코딩을 활용해 문제해결하기'에 대해서는 보다 깊은 논의가 필요했다. 학생들 자리마다 인공지능 카메라를 설치한다는 것이 현실적으로 불가능했고 급식실 스피커를 통해 멘트나 경고음이 울릴 수 있도록 한다는 것도 우리들의 기술로는 불가능했기 때문이다. 오랜 논의 끝에 급식실

퇴식구 옆에 인공지능 프로그램을 설치한 노트북을 두기로 했다. 학생들이 흘린 음식물을 치워 노트북 카메라에 인식시키면 노트북 스피커에서 칭찬 멘트가 나오도록 하는 것이었다. 또한 보다 많은 학생들의 참여를 유도하기 위해 흘린 음식을 치워 인증한 학생들에게는 간단한 간식도 제공해주기로 했다.

5차시 – 6차시 : 흘린 음식물을 치울 수 있도록 돕는 급식실 게시물 만들기

급식실 게시물 문구 정하기

급식실 각 자리에 붙일 게시물과 관련해 학급 토의를 진행했다. 학생들의 실천을 보다 효과적으로 유도하기 위해 게시물 문구와 디자인을 어떻게 하면 좋을지에 대해 다양한 의견을 나눴다. 그 결과 재미있는 내용이 많이 나왔다. 모둠 토의 시 개인별로 화이트보드를 나누어주면 보다 원활한 회의를 진행할 수 있다. 먼저 토의 주제에 대해 개인 화이트보드에 자신의 의견을 적을 시간을 주고 각자 적은 내용을 바탕으로 모둠 토의를 진행하게 하면 보다 풍성하고 다양한 의견을 교환할 수 있다. 또한 각자 화이트보드에 적은 내용을 토대로 자신의 의견을 모둠원들에게 소개할 수 있고 모둠원은 화이트보드에 적힌 내용을 보며

<화이트보드를 이용한 학생 토의>

발표자의 내용을 쉽게 이해할 수 있다. 모둠 토의를 거쳐 최종 의견을 적어야 할 때에도 화이트보드에 내용을 정리할 수 있어 화이트보드를 이용한 토의는 여러모로 유용하다. 모둠 토의를 마친 후 모둠별 토의 내용을 발표할 때에도 각 모둠의 대표는 화이트보드를 들고 나와 발표를 하게 되는데 화이트보드에는 큰 글씨를 적을 수 있어 발표를 듣는 학급 친구들이 발표 내

용을 시각적으로도 한 눈에 이해할 수 있다. 모든 모둠 발표가 끝난 후에는 발표에 사용되었던 각 모둠의 화이트보드를 칠판에 전시해 두어 다시 한번 학생들이 토의 내용을 확인할 수 있도록 한다.

급식실 게시물 및 이벤트 홍보물 제작

학생들이 미리캔버스, 캔바 등을 이용해 포스터를 직접 작성하게 해볼 수도 있으나 다른 교과 진도로 인한 시수 확보가 되지 않아 학생들이 제시한 아이디어를 바탕으로 급식실에 붙일 게시물은 필자가 직접 만들었다. 다른 학급에서 급식실을 사용할 때 놀라지 않도록 1주일간 이루어질 학생들의 급식실 봉사, 급

<캠페인 홍보 게시물>

식실 게시물 부착, 퇴식구 옆에 설치될 노트북에 대해 각 학급에 메신저를 통해 양해를 구하였으며 급식실 선생님들께도 양해를 구하였다. 한편 인공지능 프로그램이 설치된 노트북에 많은 학생들이 흘린 음식물을 인증할 수 있도록 캠페인 참여를 독려하는 홍보 게시물도 제작하여 각 학급에 배부하였다.

급식실 각 자리에 게시물 붙이기

학생 아이디어와 교사의 작업으로 완성된 게시물을 급식실 각 자리에 붙여주었다. 별도의 차시를 할애하기보다 아침 시간, 쉬는 시간, 방과후 등 자투리 시간을 활용하였으며 급식실 선생님과 상의 하에 급식실이 바쁘지 않은 시간에 작업을 진행하였다.

<급식실에 게시물을 부착하는 모습>

🧑‍💻 7차시 – 8차시 : 엔트리를 이용한 이미지 인식 인공지능 프로그램 만들기

엔트리를 이용한 이미지 인식 인공지능 프로그램 만들기

본 프로젝트의 하이라이트라고 할 수 있는 인공지능 프로그램 만들기 수업을 진행하였다. 그간 학급특색활동을 통해 엔트리 코딩 수업을 여러 차례 진행하였고 이미지 인식 프로그램을 만들어본 경험도 많았던 터라 큰 어려움은 없었다. 다만 기존의 수업은 주어진 예제를 따라하거나 살짝 변형하는 정도로 수업이 진행되었다면 이번에는 학생 스스로 배운 내용을 활용해 문제 해결에 맞는 프로그램을 기획하고 직접 코딩해야 했다.

시행착오를 거치고 자연스럽게 서로의 의견을 교환하는 과정에서 오른손, 왼손을 모두 인식시켜야 한다든지, 휴지를 쥐지 않은 손을 확실히 인식시킬 수 있게 손바닥을 모두 펴고 인식시켜야 한다든지 등 생각지 못한 좋은 아이디어들이 많이 나왔다. 어떻게 하면 이미지 인식률을 높일 수 있을지 학생들 스스로 아이디어를 나누는 모습이 매우 보기 좋았다.

〈인공지능 코딩 학생 작품 예시〉

학생들의 아이디어로 쓰레기를 치운 휴지를 인식시키면 칭찬 멘트가 나오는 인공지능 프로그램의 코드는 모두 완성하였다. 그러나 이를 급식실에 설치하면 다소 심심한 느낌이 들 것 같아 학생 프로그램에 약간의 보충을 하였다. 마이크로비트를 연결해 보드에 웃는 얼굴이라도 나오면 조금 나을 것 같았다. 또한 학교에 마침 3D프린터기가 있었으므로 이를 이용해 마이크로비트의 몸체를 만들어주어 보다 그럴듯한 결과물로 완성해 주었다.

<3D프린터로 출력해 마이크로비트를 꾸며준 모습>

〈최종 완성 작품〉

완성된 프로그램을 급식실에 설치 후 제대로 작동하는지 최종 점검을 하였다. 이 또한 별도의 차시를 할애하기보다 방과 후 시간을 이용하였으며 전체 학생이 아닌 소수의 학생들과 진행하였다.

<급식실에서 프로그램 작동 여부를 최종 점검 중>

막상 급식실에 설치해보니 예상치 못한 문제점이 발생했다. 급식실 배경과 우리들이 프로그램을 만든 배경이 다르다는 점, 프로그램을 만들 때에는 뒷 배경이 깨끗했는데 실제 급식실에는 많은 학생들이 왔다갔다 한다는 점, 프로그램을 학습시킬 때 입었던 옷소매와 지금 입은 옷소매의 색이 달라 인식을 제대로 하지 못한다는 점 등 많은 문제점으로 인해 프로그램이 제대로 작동하지 않았다. 예상 밖의 문제로 아이들과 꽤 오랜 시간 남아 시행착오를 거친 끝에 겨우 프로그램을 완성할 수 있었고 캠페인 진행을 위한 모든 준비를 마칠 수 있었다.

🧍 9차시 – 10차시 : 프로젝트 실행하기

급식실 각 자리에 포스터는 며칠 전 붙여두었고 수시로 학급 학생들과 급식실에 올라가 학생들이 먹고 난 자리를 치우는 봉사활동을 실시하였다. 프로젝트의 마지막 활동인 인공지능 프로그램을 설치해 학생들이 직접 음식물을 치우도록 하는 캠페인만이 남았다. 퇴식구 옆에 노트북과 마이크로비트, 스피커를 설치하고 캠페인에 참여한 학생들에게 간식을 줄 학생들도 배치하였다. 마지막 프로젝트를 진행했던 날에도 학급 학생들은 다른 학생들이 식사 후 치우고 가지 않은 자리를 치워주는 봉사

<이벤트 참여 학생에게 줄 간식과 급식실에 프로그램 설치를 마친 모습>

활동을 진행했다.

학생들이 활동하는 모습을 촬영할 수 없을 정도로 캠페인이 바쁘게 진행되었다. 이벤트에 참여하는 학생들이 많아지면서 퇴식구가 다소 혼잡해지고 학생들 간의 동선이 꼬이게 되고 급식 도우미 선생님께서도 더욱 바빠지시는 등의 예상치 못한 문제가 있었기 때문이다.

학생들이 식사한 자리를 치우는 역할을 맡았던 학생들에 의하면 이러한 이벤트를 진행했음에도 불구하고 여전히 자리를 치우고 가지 않는 학생들도 있었다고 한다. 어찌 모든 학생들이 캠페인 한 번으로 바뀔 수 있을까. 몇 명의 학생이라도 캠페인을 통해 음식을 치우기 시작했다면 그것만으로 충분히 의미 있었던 시간이지 않았을까 하며 학생들과 활동에 대한 의미 부여를 했다. 또한 본 수업을 통해 적어도 우리 반 학급 학생들만큼은 그간의 문제점을 인식하고 먹은 자리를 확실히 치우게 되었으니 이러한 변화도 충분히 의미가 있다고 생각했다. 본 수업 후 또 다른 프로젝트를 진행할 때에도 학생들은 인공지능을 문제해결 도구로써 떠올리게 되었고, 인공지능을 활용해 문제 해결을 시도하게 되었는데 이러한 면에서도 본 수업의 목표가 제대로 달성되었다는 생각이 들었다.

트렌디한 미래교육 네 번째 사례

– <우리가 직접 만드는 학생들을 위한 행복한 공원>

주제 : 지속가능개발목표 11. 지속가능한 도시와 지역사회

관련 교과

교과	단원명 및 차시
수학	6학년 1학기 4단원. 〈비와 비율〉 　6차시 : 백분율을 알아볼까요 　7차시 : 백분율이 사용되는 경우를 알아볼까요 6학년 1학기 5단원. 〈여러 가지 그래프〉 　6차시 : 원그래프로 나타내어 볼까요

핵심 역량

핵심 역량	관련 활동
언어 · 상징 해석 활동	• 공원에 쓰레기통이 설치되지 않은 이유와 관련된 뉴스 기사 찾고 읽어보기
지식 · 정보 활용 활동	• 깨끗한 공원을 만들기 위한 국내 · 외 사례 조사 및 아이디어 탐색하기
특정 기능 · 기술을 활용한 문제 해결	• 교내 설문 결과 분석 · 정리 및 그래프로 나타내기
타인과의 갈등 해결 · 협동 활동	• 행복한 교통공원을 만들기 위한 방안 및 실행 계획에 대한 토의하기
학생의 자율적 활동	• 교통공원 쓰레기 스스로 치우기
공동체 문제 해결	• 깨끗한 공원 만들기 • 학생들이 안전하고 행복한 지역 공동체 만들기

  본 수업을 진행할 당시 필자가 근무하던 학교 근처에 교통공원이 있었다. 저학년, 고학년 할 것 없이 학교의 아이들이 많은 시간을 보내는 곳이었다. 저학년 학생들은 친구들과 교통공원에 모여 얼음땡, 숨바꼭질 등의 놀이를 하며 시간을 보내고 고학년 학생들은 피구를 하거나 친구들과 간식을 먹으며 대화를 나누는 곳으로 공원을 애용했다. 그런데 학생들이 자주 하는 말이 교통공원에 쓰레기가 너무 많아 더러워 이를 꼭 학급에서 프로젝트 수업을 통해 해결했으면 좋겠다는 것이었다. 학생들이 직

<아동참여예산 사업공모전 안내 포스터>

접 발견한 생활 속 문제이니만큼 수업을 통해 학생들과 꼭 같이 해결해봐야지 하던 것을 이런저런 바쁜 일들로 미루게 되었다.

그러던 중 이웃 블로거들의 포스팅을 보다가 우연히 아동참여예산 사업 공모전에 관한 게시물을 발견하게 되었다.

학교가 위치한 강서구에 살고 있는 아동, 강서구 내 학교에 다니는 아동이 아동과 청소년의 삶을 개선하기 위한 아이디어를 세안하는 사업 공모전 소식이었다. 게시물을 보자마자 '바로 이거다.' 하는 생각과 함께 그동안 아이들이 여러 번 문제를 제기했던 교통공원의 쓰레기 문제에 대한 해결방안을 제안해야겠다는 생각이 들었다. 더불어 우리 학교 학생들의 쉼 공간이자 놀이 공간인 교통공원을 학생들이 보다 안전하고 행복하게 이용할 수 있도록 학생들과 함께 힘을 보태야겠다고 생각하였다. 그렇게 본 수업이 시작되었다.

구체적 수업안

1차시 : 교통공원의 문제점 토의 및 관찰하기

교통공원의 문제점 토의하기

그동안 학생들이 교통공원의 위생 문제를 자주 지적해왔는데

이 밖에도 교통공원을 이용하며 학생들이 느꼈던 또 다른 불편한 점이나 문제점은 없었는지 이야기하는 시간을 가졌다. 모둠별 토의를 진행하였으며 토의한 내용은 공책에 정리하도록 안내하였다.

<모둠별 토의하는 모습>

학생들의 토의 내용을 살펴보니 쓰레기 문제 외에도 금연구역인데 어른들이 담배를 피우는 문제, 성추행 등 심각한 문제가 많았다.

<학생 토의 결과>

🗒️ 과제 : 주말을 이용해 교통공원 관찰한 뒤 글쓰기 공책에 관찰 내용 정리하기

　본 수업은 금요일에 진행되었는데 주말을 이용해 교통공원을 더욱 자세히 관찰하고 글쓰기 공책에 관찰한 내용을 적어오도록 과제를 내주었다. 학생들은 글쓰기 공책에 자세한 내용을 적어주었을 뿐 아니라 사진까지 촬영해 필자에게 보내주었는데 사진으로 보니 생각했던 것보다 상황이 심각하였다. 아래는 학생들이 직접 촬영해 보내주었던 사진이다.

<생각보다 심각했던 교통공원 현장. 학생이 촬영한 사진>

　학생들이 주말을 이용해 교통공원을 관찰한 뒤 글쓰기 공책에 정리한 내용을 보니 교실에서 토의했던 내용처럼 쓰레기 문

제, 흡연 문제 등이 다시 한번 거론되었고 그 외에도 피구를 할 공간이 부족하다는 점, 화장실에 휴지가 없다는 점, 강아지의 목줄을 풀어놓는다는 점, 학생들의 짐을 둘 공간이 없다는 점 등 추가적인 문제가 제기되었다.

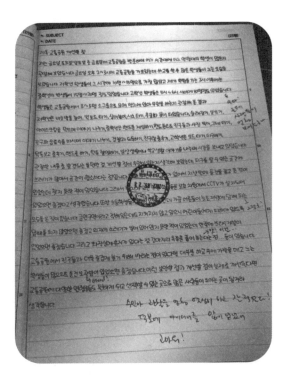

<글쓰기 공책에 빼곡하게 적어준 모습>

👥 2차시-3차시 : 행복한 교통공원을 만들기 위한 해결방안 토의 및 설문하기

행복한 교통공원을 만들기 위한 해결방안 토의하기

주말을 이용해 관찰한 내용과 나름의 해결방안을 생각해본 아이들은 다시 학교에 모여 어떻게 하면 보다 행복한 교통공원을 만들 수 있을지에 대해 이야기를 나누었다. 토의 결과 총 4가지로 의견이 정해졌다.

- 학생들이 즐길 수 있는 놀이 시설 확충하기
- 금연 표지판 또는 현수막 설치하기
- 쓰레기 문제 해결하기
- 위생 및 안전 관리인력 확충하기

이렇게 4가지 의견이 정해진 가운데 각각의 의견에 대한 세부 아이디어도 논의해보았다. 그 중에서도 놀이 시설 확충에 대한 의견은 아이들끼리 의견이 전부 달라 쉽게 합의에 이르지 못했다. 따라서 학급에서 나온 몇 가지 아이디어를 바탕으로 설문지를 만들어 교내 학생 전체를 대상으로 설문을 진행하기로 하였다. 교통공원은 우리 학교 학생들이 두루 이용하는 공간인 만큼 학교 학생들이 가장 원하는 놀이시설 설치를 제안하는 것이 타당하다는 의견이었다.

교내 설문 진행하기

　학급에서 토의한 결과 학생들이 원하는 놀이시설에는 회전목
마, 낙서칠판, 그네, 포토존, 트램펄린, 예쁜 조명, 수다를 위한
파라솔, 샌드백, 피구공간이 있었다. 이들 중 우리 학교 학생들
이 가장 원하는 시설은 무엇인지 알아보기 위해 설문지를 만들
어 각 학급 담임 선생님들께 양해를 구한 뒤 설문을 실시하였다.
한 학급도 빠짐없이 전 학급의 담임 선생님이 학급에서 설문을
진행한 뒤 결과를 보내주었다.

<각 학급에서 설문 실시 후 수합된 자료>

설문 결과 백분율로 나타내기

모둠별로 설문 결과를 나누어 맡은 뒤 백분율로 정리하였다. 마침 얼마 전 수학 시간에 비와 비율 단원을 학습한 뒤라 실생활에서 비와 비율이 어떻게 쓰이는지, 비와 비율로 나타내었을 때의 좋은 점이 무엇인지 생생하게 느낄 수 있었다.

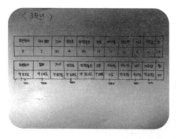

<비와 비율 단원에서 배운 내용을
활용해 자료를 정리한 모습>

백분율을 원그래프로 나타내기

표로 나타낸 내용을 좀 더 보기 좋게 나타내기 위해 당시 수학 시간에 배우고 있던 원그래프로 나타내보았다.

원그래프로 정리한 내용은 설문에 참여해준 교내의 학생들도

<설문 결과를 원그래프로 정리하는 중>

모두 볼 수 있도록 학교 1층 현관에 붙여두었다. 이를 통해 설문에 응했던 학생들도 우리 학교 학생들이 가장 많이 원하는 놀이시설이 무엇인지 한눈에 알 수 있게 되었다. 한편 학년 별로 원하는 놀이시설에는 약간의 차이가 있었는데 학년별 차이는 무엇인지도 살펴볼 수 있도록 하였다. 우리 학교 학생들이 가장 많이 원하는 놀이시설은 트램펄린이었다.

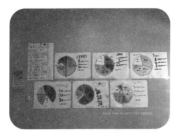

<설문 결과를 그래프로 정리해 출입 현관에 붙여준 모습>

🙋 6차시 : 금연 표지판 또는 현수막 문구 토의하기

놀이시설에 대한 제안 준비는 모두 끝이 났고 공원에 설치할 금연 표지판 또는 현수막에 어떠한 문구를 넣으면 좋을지 토의하였다. 표지판 또는 현수막을 보게 될 어른의 입장이라 가정하고 과연 어떠한 문구를 보았을 때 흡연을 멈추게 될 수 있을지 생각해보도록 하였다. 그 결과 정해진 문구는 다음과 같았다.

 - 아이들 앞에서 피우시게요? 담배 금지!
 - 숨쉬기 힘들어요. 담배 금지!
 - 머리 아프고 냄새나요. 담배 금지!
 - 콜록콜록 고통스러워요. 담배 금지!

🙋 7차시 – 8차시 : 쓰레기 문제 해결 아이디어 토의하기

이 프로젝트의 시작이기도 했던 쓰레기 문제에 대해 토의를 해보았다. 처음에는 단순히 교통공원에 쓰레기통만 설치하면 될 것으로 생각하였다. 그리하여 재미있는 쓰레기통 아이디어에 대한 의견을 나누는 것으로 토의를 진행하였다. 그런데 문득 토의를 진행하다 보니 요즘 다른 공원들에도 쓰레기통이 없다는 사실을 떠올리게 되었고 분명 쓰레기통을 두지 않는 이유가 있을 것 같았다. 그리하여 공원에 쓰레기통이 없는 이유에 대해 학생들과 정보를 찾아보았다. 그 결과 다음과 같은 기사를 찾을 수 있었다.

〈여름철 넘치는 공원 쓰레기…쓰레기통 늘려도 문제 '딜레마'. 뉴시스〉

〈쓰레기 무단 투기로 몸살을 앓고 있는 공원의 쓰레기통. 소비라이프〉

참고 〈공원에 쓰레기통을 설치하지 않는 이유〉
아이들과 수업 시간에 다룬 기사의 내용을 간단히 요약하자면 우리나라 공원들에는 쓰레기통을 설치하지 않는 것이 추세이다. 외국 공원들 역시 공원에 쓰레기통을 두지 않고 자신의 쓰레기는 스스로 처리하도록 하고 있다. 이러한 태도가 민주시민의 태도이며 다함께 공원을 이용하는 지역주민으로서의 에티켓이라고 보기 때문이다. 또한 공원에 쓰레기통을 설치할 시 각종 문제가 발생하기도 하는데 특히 인근 주민들이 가정용 쓰레기를 무단 투기하는 경우가 많다고 한다. 쓰레기 종량제 봉투 구입에 경제적 부담을 느끼는 경우에도 생활 쓰레기를 공원 쓰레기통에 무단 투기한다고 한다. 이러한 이유들로 우리나라 공원에는 쓰레기통이 설치되어 있지 않으나 본 수업에서 다룬 교통공원과 같이 쓰레기가 넘쳐나는 공원들이 많아 문제가 되고 있다.

해당 기사를 읽고 토의한 결과 아이들의 입장 역시 공원에 쓰레기통을 설치하는 데에 반대하는 입장으로 많이 기울어졌다. 그렇다면 쓰레기통 설치 없이 어떻게 교통공원에 버려지는 쓰레기를 줄일 수 있을지 이에 대한 아이디어가 시급해졌다. 학생들은 쓰레기를 담을 수 있는 비닐봉지가 있으면 쓰레기를 비닐봉투에 담아 집으로 가져갈 수 있을 것 같다고 했다. 그렇다면 비닐 봉투는 교통공원에 구비해둘 것인가, 아니면 가방에 넣고 다닐 것인가, 그리고 비닐 봉투가 오히려 환경을 더욱 오염시키는 것은 아닐까 등에 대해 심도 깊은 토의가 이루어졌다.

그 결과 학생들과 찾아낸 아이디어는 바로 광목주머니였다. 광목주머니를 학교 학생들에게 나누어주고 휴대하도록 한 뒤 교통공원에서 발생한 쓰레기는 이 주머니에 담아 집으로 가져가도록 하자는 아이디어였다. 광목주머니는 재활용이 가능하고 세척이 가능하며 건조도 쉽고 가격도 저렴하다는 장점이 있었다. 이에 더불어 광목 주머니를 넣을 수 있는 예쁜 파우치를 학생들에게 함께 제공한다면 광목 주머니 사용 비율이 더욱 높아질 것이라는 의견이 나왔다. '제로웨이스터 제로생활실천' '스타터세트'라는 제품을 발견해 여기서 영감을 얻게 된 아이디어였다.

〈제로웨이스터 제로생활실천 스타터세트〉

한편 위생 및 안전 문제와 관련해서는 공원에 CCTV를 설치하면 좋겠다는 의견이 가장 많았다. 그런데 업체에 알아보니 공사비가 상황에 따라 1억 원까지 들 수 있다고 하였다. 이는 현실적으로 무리가 있다고 판단하여 그 대신 공익근무요원 등의 인력을 공원 안전 관리를 위해 배치해달라는 제안을 넣기로 하였다. 한편 공원 화장실 위생 문제와 관련해서는 공원 화장실에 휴지, 물비누 등의 소모품을 주기적으로 채워주고 깨끗한 화장실 상태를 유지할 수 있는 인력을 배치해달라고 요청하는 것으로 해결방안을 제시해보았다.

🧑‍🏫 교사의 마무리 : 보고서 작성 및 공유

아이들이 공원을 사용하며 직접 문제를 제기했던 이야기부터 시작하여 그동안 아이들과 행복한 교통공원을 만들기 위해 고민하고 해결방안을 떠올렸던 그간의 기록을 절절하게 담아 공모전에 제출할 보고서를 완성하였다. 학생들이 직접 쓴 글도 보고서에 첨부하였다.

<학생들이 쓴 글>

완성된 보고서는 학생들에게도 공유한 뒤 수정할 내용이나

<완성 보고서>

빠진 내용 등이 없는지 확인하도록 하였다.

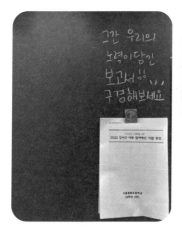

<보고서를 꼼꼼히 확인 중인 아이들>

이러한 과정을 거쳐 보고서를 최종 완성한 뒤 제출까지 완료하였다.

📣 수업 후 이야기 : 아이디어 채택에는 실패! 그래도 수업은 성공!

공모전에 보고서를 제출하고 결과를 기다렸다. 결과는 우리들의 아이디어가 채택되지 않았다는 소식이었다. 그러나 담당자가 그 이유에 대해 상세히 설명을 해주었다. 우선 놀이시설 아이디어의 경우 아이디어가 좋아 트램펄린 설치를 알아보았으나 설치 후 지속적 관리가 필요하다는 문제가 있었다고 한다. 본 사업은 1년으로 끝나는 사업인데 트램펄린 설치 후 관리는 지속적으로 이루어져야하기에 본 사업 후에도 트램펄린을 관리할 예산 및 인력이 필요하다는 것이었다. 그리하여 1년으로 종료되는 본 사업의 성격과 맞지 않다고 판단되어 부적격 판정을 받았으며 금연 포스터 및 화장실 소모품 설치 및 교통공원 안전 및 위생 관리 인력에 대한 내용은 본 사업이 아닌 다른 사업과 연계할 수 있는 부분이라며 건의사항 게시판에 따로 건의하는 방법을 추천해주었다. 또한 쓰레기를 버릴 수 있도록 하기 위해 광목 주머니와 파우치를 제작 및 구입해 학교 학생들에게 나누어주는 것은 현실적으로 어려움이 있다고 판단하여 부적합 판정을 받았다고 한다. 합격한 아이디어들에 대해 문의해보니 지역 아동센터, 복지관 등과 연계한 원데이 클래스, 단기 캠프 등 교육 프로그램을 제안한 것들이 대부분이었으며 1회성으로 끝나는 활동들이었다. 이를 통해 본 사업이 어떤 아이디어를 원했으며 어떠한 아이디어가 앞으로 채택 가능성이 있을지 알게 되었다.

　비록 우리들의 아이디어는 채택되지 않았지만 본 수업을 통해 학생들에게 유의미한 변화가 생겼다. 사실 우리 반 학생들도 그간 교통공원에 알게 모르게 쓰레기를 버려왔는데 이제 쓰레기를 버리지 않게 된 것이었다. 또한 교통공원에 버려진 쓰레기를 자발적으로 치우는 학생들도 생겼으며, 다른 반 친구들에게도 쓰레기를 버리지 않을 것을 당부하는 등 매우 긍정적인 변화가 일어났다.

<프로젝트 수업 후
교통공원을 깨끗이 사용하는 아이들>

주말이나 방과 후에 학생들로부터 교통공원의 쓰레기를 치웠다는 문자를 종종 받게 되었는데 그 때마다 보람을 느끼고 뭉클하기까지 했다. 비록 공모전에서는 떨어졌지만 수업은 성공적이었다고 자신 있게 말하고 싶다.

:☀: 트렌디한 미래교육 다섯 번째 사례
– 서울대에서 발표하다! SDGs 문제 해결 프로젝트

주제 : 지속가능개발목표 전체

관련 교과

교과	단원명 및 차시
사회	6학년 2학기 2 – 3단원. 〈지속가능한 지구촌〉 　15차시 : 지구촌에서 나타나는 다양한 환경 문제 알아보기 　16-17차시 : 지구촌 환경 문제를 해결하기 위한 노력 알아보기 　18차시 : 환경을 생각하는 생산과 소비 생활 알아보기 　19차시 : 빈곤과 기아 문제를 해결하기 위한 노력 조사하기 　20차시 : 문화적 편견과 차별이 없는 미래를 만들기 위한 노력 알 　　　　아보기 　21차시 : 세계 시민으로서 우리가 할 수 있는 일 실천해보기

핵심 역량

핵심 역량	관련 활동
언어 · 상징 해석 활동	• 팀 주제와 관련된 문제의 심각성, 현재까지 제 　시된 해결 방안 자료 조사 및 분석
지식 · 정보 활용 활동	• 자료 조사를 바탕으로 팀별 창의적 아이디어 　생각하기
특정 기능 · 기술을 활용한 문제 해결	• 팀별 아이디어 구현하기
타인과의 갈등 해결 · 협동 활동	• 자료 조사 및 보고서 작성 • 해결 방안 실행 • 발표 준비 및 발표

학생의 자율적 활동	• 생활 속 환경 보호, 에너지 절약 등 실천하기
공동체 문제 해결	• 학교 및 교내 에너지 절약하기 • 지구온난화 예방하기

수업 배경 및 의도

　2022년 학급특색활동 중 하나는 지속가능개발교육이었다. 학기 초 그레타 툰베리에 대한 영화를 함께 시청하며 본 학급은 1년간 지속가능개발교육에 집중할 것임을 학생들에게 안내하였다. 1,2학기에 걸쳐 학생들과 환경, 사회와 관련된 다양한 영화 및 다큐멘터리를 시청하고 이와 관련된 문제를 해결할 수 있는 아이디어를 떠올려보는 연습을 하였다. 학생들의 창의적 사고를 자극할 수 있도록 창의적으로 문제를 해결한 다양하고 생생한 사례를 적극 소개하기도 하였다. 또한 비건 햄버거 패티 만들기, 천연 플라스틱 만들기 등 실습 활동도 꾸준히 하였다.

수업 팁 〈지속가능개발교육에 좋은 다큐멘터리〉
지속가능개발교육에 활용하기 좋은 다큐멘터리로 넷플릭스에서 제공하는 〈히스토리101〉를 추천한다. 현재 시즌2까지 제작되었는데 각 시즌은 10개의 에피소드로 구성되어 있다. 전 에피소드가 흥미로우며 교사 개인의 견문을 넓히는데도 도움이 되지만 다소 학생에게 맞지 않는 주제도 있으니 수업 전 사전 점검이 필요하다. 필자가 추천하는 에피소드는 시즌1의 〈패스트푸드〉, 〈플라스틱〉, 시즌2의 〈병입수〉이다. 영상의 이해를 돕는 활동지를 만들어 영상 및 교사의 설명과 함께 활동지를 채우도록 하면 해당 주제에 대해 보다 학생들의 이해를 심화할 수 있다.

이러한 활동들을 거치며 학생들이 실생활에서 제법 문제를 잘 발견하게 되었고 구체적인 문제 해결 방안도 생각할 수 있게 되었다. 학기 말 마무리 수업으로 팀 프로젝트를 실시하면 좋겠다는 생각을 했다. 팀별로 SDGs(지속가능개발목표) 중 특히 관심 있는 목표를 고른 뒤 해당 주제에 대한 심도 깊은 자료 조사 및 이해를 바탕으로 창의적 문제해결 아이디어를 제시하는 프로젝트였다.

한편 본 수업을 계획할 당시 필자는 「메리토크라시」라는 책을 읽고 있었다. 책의 내용 중 특히 인상 깊었던 부분이 있었는데 학생들의 성장에 유전, 환경 못지않게 많은 영향을 주는 것이 현장 경험과 현업에서 일하는 멘토와의 만남이라는 것이었다. 실제 문제해결이 일어나는 기업, 대학기관, 연구소 등을 자주 방문하고 그곳에서 근무하는 멘토들과 만남이 잦을수록 학생들이 더욱 더 성장한다는 것이었다.

학생들에게 이러한 경험을 주고자 평소 알고 지내던 교수님께 연락을 했다. 학생들의 프로젝트를 서울대에서 발표하고 서울대 교수 및 학생들과 대화를 나누는 시간을 가질 수 있도록 말이다. 이는 학생들에게 프로젝트에 대한 동기 부여는 물론 앞으로의 학업에 있어서나 미래에 대한 설계를 하는 데에도 긍정적 영향을 줄 수 있으리라 생각했다. 연락을 드렸던 교수님은 지속가능개발교육 프로젝트를 몇 해째 진행해오던 터라 우리 학급 학생들의 활동에도 관심을 보였으며 흔쾌히 필자의 제안을 수락하였다. 그렇게 학생들은 약 두 달간 팀 프로젝트를 준비하게 되었고 서울대에서 발표를 하며 프로젝트를 마무리하였다.

👤 1차시 - 2차시 : 팀 별 주제 정하기 및 프로젝트 과정 안내하기

팀 이름 및 팀 별 주제 정하기

평소 관찰한 학생들의 성향과 학습 태도, 생활 태도 등을 고려하여 3명씩 한 팀으로 총 일곱 팀을 구성하였다. 약 두 달 간 진행되는 프로젝트인 만큼 팀워크가 중요했다. 팀 이름을 지으며 팀원 간 가까워지는 시간을 마련하고 프로젝트에 대한 의지를 다지도록 하였다.

팀 별로 SDGs의 목표 및 목표별 세부 성취기준이 제시되어 있는 문서를 복사해주고 꼼꼼히 살펴본 뒤 팀 주제를 정하도록 하였다. 팀별로 겹치는 주제가 별로 없이 다양한 주제가 제시되었다. 팀 이름과 팀 별 주제는 다음과 같다.

팀 이름	팀 주제
이거다!	물 공급 안정성 도모를 위해 수자원을 효율적으로 사용한다.
우리 팀은 성공작이래	기후 변화에 대한 조치 계획을 지방 정책 등에 노력한다.
하모니	나이, 성별, 장애 여부에 따른 차별적 대우를 철폐하여 공정한 기회를 제공한다.
개.지.랄 (개성+지성+발랄)	모든 근로자의 권리를 보호하고 안전하고 건강한 근로 환경을 조성한다.
머.가.리 (뭐든지 가질 수 있고 이룰 수 있는 팀)	지구의 온도 상승을 산업화 이전 수준에 비하여 2°보다 아래로 유지하고 더 나아가 온도 상승을 1.5°까지 제한하도록 노력한다.
삼원색	에너지를 절약하고 에너지 효율을 향상시킨다.
잼민져스	생물 다양성 손실을 예방하기 위해 멸종 위기종을 보호한다.

프로젝트 과정 안내하기

프로젝트는 체계를 갖고 진행될 예정이었다. 학생들에게 이러한 계획을 상세히 안내하고 공유했다. 프로젝트 진행 과정은 다음과 같이 계획하였다.

〈첫째〉 실태 조사하기

- 우리 팀이 정한 주제와 관련해 문제의 심각성을 보여주는 다양한 자료 조사하기
- 우리 팀이 정한 주제에 사람들이 공감할 수 있도록 하기
- 사람들로 하여금 "아, 이 문제가 정말 심각하구나. 해결해야 하는 거구나"라는 마음이 들 수 있을 정도로 실태를 보여주는 생생한 자료 조사하기

〈둘째〉 현재까지 제시된 해결 방안 조사하기

- 우리 팀이 정한 문제를 해결하기 위해 지금까지 실시된 해결 방안 조사하기
- 정책, 서비스, 구체적 기술 등 다양하게 조사하기

〈셋째〉 우리 팀만의 해결 방안 제시하기

- 현재까지 제시된 방안들의 아쉬운 점 또는 보완할 점 생각해보기
- 우리 팀만의 해결방안 제시하기
- 우리 팀이 제시한 방안이 문제해결에 효과적인 이유 논리적 근거 세우기

📲 3차시 – 10차시 : 실태 조사, 해결 방안 조사하여 문서로 정리하기

실태 조사, 해결 방안 조사하기

학생들은 먼저 자신들이 정한 주제가 왜 심각한 문제인지 이에 대해 보여줄 수 있는 자료를 찾기 시작했다. 수업 시간에 자료 조사 시간을 주기도 하였지만 이 시간만으로는 부족하여 마감 기한을 정한 뒤 수업 후의 시간을 적극 활용하여 마감 기한 내에 자료 조사를 마치도록 안내하였다. 팀별로 팀장을 선출해 팀장을 중심으로 시간 내에 양질의 자료 조사가 이루어질 수 있도록 하였다. 실태 조사가 끝난 팀은 팀별로 정한 주제와 관련해 현재까지 제시된 해결방안에는 무엇이 있는지 자료를 조사하도록 했다. 팀별로 자료 조사한 내용은 교사에게 모두 공유하도록 하였으며 필자는 구체적인 피드백과 도움이 될 만한 정보, 도서 목록 등을 제시하였다.

실태 조사, 해결 방안 문서로 정리하기

팀별로 조사한 내용은 문서로 정리해 제출하도록 하였다. 팀별로 프로젝트를 진행하는 방식에는 약간의 차이가 있었으나 대부분 역할을 나누어 자료 조사를 하였고 자신이 조사한 내용을 문서로 정리해 팀장에게 전송하였다. 팀장은 팀원들의 내용을 자연스럽게 다듬고 하나의 글로 완성해 교사에게 제출하였다. 물론 이 과정이 한 번에 완성되지는 않았다. 팀별로 추가로 자료를 조사해야 하는 부분이나 삭제해야 하는 부분 등이 있었고 유독 이 과정에 어려움이 있었던 팀이 있는가 하면 수월하게 진행되는 팀도 있었다. 여러 번 문서를 제출하고 수정한 끝에 모든 팀이 완료할 수 있었다. 학생들이 제출한 문서들을 모아놓은 폴더를 보니 자료의 양이 상당했다.

<학생들이 프로젝트를 준비하며 제출한 파일들>

6학년 학생들에게 이러한 과정이 너무 어려운 것은 아닐까 걱정도 되었다. 그러나 학생들이 제출한 결과물을 보니 기우였음을 알 수 있었다.

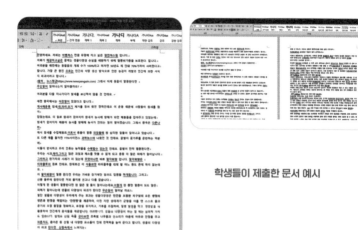

학생들이 제출한 문서 예시

👤 11차시 – 15차시 : 우리 팀만의 해결 방안 생각하기

본 차시부터가 프로젝트의 핵심이었다. 지금까지 조사한 내용을 바탕으로 각 팀별로 정한 문제를 어떻게 해결할 수 있을지 팀별로 창의적인 아이디어를 제시하는 부분이었다. 이 역시 수업 시간에 팀별로 회의를 할 수 있는 시간을 주었으나 마감 기한을 제시하고 수업 후의 시간도 할애하여 마감 기한 내에 아이디어를 제출하는 것으로 하였다. 이 역시 팀별로 진행 속도가 저마다 달랐다. 해결 방안이 수월하게 나온 팀이 있는가 하면 마감 기한 직전까지 아이디어가 나오지 않아 고생한 팀도 있었다.

팀별 아이디어 역시 각 팀이 구체적으로 아이디어를 어떻게 실행할 예정인지 그 과정을 면밀히 드러나도록 문서로 정리해 제출하도록 하였다. 다소 해결 방안이 추상적으로 제시되거나 두루뭉술하게 제시된 팀은 피드백을 통해 눈에 보이듯 구체적으로 작성하도록 안내하였다.

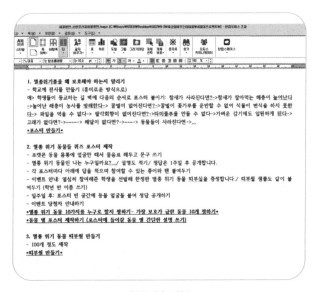

<학생 제출 파일>

16차시 – 25차시 : 해결 방안 실행하기

팀별로 제시한 해결 방안을 직접 실행하도록 하였다. 어떤 팀은 게시물을 만들어 학교 곳곳에 붙인 뒤 캠페인을 진행했는가

하면 어떤 팀은 코딩을 통해 문제 해결을 위한 프로그램을 만들기도 하고, 어떤 팀은 자신들이 조사한 주제에 대해 교육할 수 있는 수업 자료를 개발하기도 했다. 또 어떤 팀은 구체적인 실물을 제작하기도 했다.

마감 기한에 맞춰 팀별로 프로젝트를 실행하였으며 이 과정에서 필자는 각 팀에 적절한 도움을 제공하였다. 로봇 코딩을 하는 데 어려움이 있는 팀은 해당 코딩 로봇 회사에 견학을 신청해 연수를 받는 기회를 제공해주기도 하고 보다 생생한 자료 개발을 위해 주제와 관련된 견학이 필요한 팀은 견학을 신청해 함께 가주기도 하였다. 또한 교내 캠페인을 진행하는 팀의 경우 교직

<프로젝트 준비 및 실행 모습>

원과 관리자에게 협조를 구해 캠페인이 원활히 진행될 수 있도록 도왔으며, 학생들의 아이디어를 실제 구현하는데 도움을 줄 수 있는 강사를 초빙해 연수를 받도록 해주기도 했다.

<외부강사 초빙 연수, 물재생센터 방문,
코딩 교구 제작 업체 방문>

학생들이 제시한 아이디어 및 실제 활동 결과물은 다음과 같다.

팀 이름	팀 아이디어 및 결과물	
삼원색	충전이 완료되면 알림을 울려주고 충전 케이블을 제거하면 포인트를 적립해주는 스마트 충전기	
개.지.랄	노인을 위한 일자리 공고를 알려주고 일자리 지원 및 정당한 대우를 받았는지 감시해주는 노인 노동을 위한 반려로봇	

하모니	시각장애인을 위한 디지털 교과서 및 시각장애인 아동을 위한 촉감 그림책 개발	
이거다	해양오염에 대한 원인을 알리고 환경 보호를 촉구하는 수업 자료 개발	
머.가.리	지구온난화 해결을 위한 교내 전기세 줄이기 캠페인 진행	
쟴민져스	멸종위기동물의 원인과 해결방안을 홍보하는 교내 캠페인 진행	
우린 성공작이래	지구온난화 해결을 위한 정책 제안 및 정책을 제안하는 내용 서울시 교육감에게 편지 쓰기	

👨‍🏫 26차시 – 30차시 : 발표 원고 작성 및 PPT 만들기

팀별로 제시한 아이디어를 직접 실행까지 마친 뒤 그간의 과정을 서울대에서 발표하기 위해 발표 준비에 돌입하였다. 팀별로 발표를 어떻게 진행할지 역할을 분담하도록 하였고 모든 학생이 반드시 발표를 하도록 하였다. 각자 맡은 역할에 따라 본인이 발표할 원고 내용을 문서로 작성하였으며 각 팀의 팀장들은 팀원들의 원고를 받아 통일감 있게 정리해 제출하였다. 교사는 각 팀의 원고를 살펴본 뒤 피드백을 제공하고 최종 확인을 받은 팀은 PPT 제작을 시작하였다.

각자 작성한 원고에 맞춰 본인들이 발표할 내용을 각자 PPT

로 제작하였으며 개별로 작업을 하면서도 팀의 색은 유지할 수 있도록 협업 프레젠테이션 툴 '캔바(Canva)'를 이용하였다. 캔바를 이용해 각각의 학생들은 각자의 팀원이 어떤 방식으로 프레젠테이션을 작업하고 있는지 실시간으로 모니터하면서 팀의 색을 유지하는 가운데 각자의 PPT를 완성할 수 있었다.

이 또한 수업 시간에 작업할 수 있도록 시간을 제공하였으나 팀별로 작업 속도에 차이가 있어 마감기한을 제시하고 수업 외의 시간을 할애하여 기한 내에 작업을 마칠 수 있도록 하였다.

🧍 31차시 ~ 35차시 : 발표 원고 암기 및 발표 준비

발표는 원고 없이 자연스럽게 하는 것으로 정하였다. 원고를 줄줄 읽는 것보다 원고의 내용을 충분히 숙지하고 자신의 언어로 설명하듯 발표하는 것이 효과적이기 때문이다. 이러한 연습이 되지 않은 학생들에게 본 경험은 큰 도움이 되리라 기대하였다. 앞으로 학생들이 하게 될 많은 발표를 위해서도 단순히 발표 원고를 그대로 읽는 것보다 발표 원고 내용을 숙지하고 청중들에게 설명하듯 발표할 수 있는 기회를 주는 것은 중요했다. 처음에 학생들은 이를 어려워하고 무척 부담을 느꼈으나 거듭된 리허설을 통해 자신감을 갖게 되었고 발표를 유창하게 하게 되었다.

🧑‍🏫 36차시 : 서울대에서 프로젝트 발표하기

약 두 달 간 쉴 새 없이 준비한 프로젝트를 드디어 발표하는 날이었다. 본 행사를 위해 교수님께서도 많은 준비를 해주었다. 서울대의 대형 강의실을 예약하고 발표가 끝난 후 학생들에게 멘토링을 해줄 교수, 대학원생, 학부생 등을 섭외하고 서울대 캠퍼스 투어도 계획하였다. 학생들이 이동하는데 필요한 버스 대절에 필요한 자금도 일정 부분 지원해주었다. 학생들은 그간 준비했던 내용을 차분하면서도 자신감 있게 발표하였고 이로써 우리들의 프로젝트는 마무리 되었다.

모든 프로젝트를 마치자 학생들은 저마다 소감을 이야기했다. 두 달 간 에너지를 쏟았는데 이렇게 끝나니 왠지 허탈하다고 이야기한 학생, 프로젝트를 또 하고 싶다는 학생, 뿌듯했다는 학생 등 저마다 다양한 소감을 이야기했다. 필자는 학생들의 프로젝트 진행 과정을 보며 학생들에게는 무한한 잠재력이 있다는 것을 알았다. 꽤나 힘들고 어려운 과정이었는데 학생들은 자신들의 잠재력을 십분 발휘하여 성공적으로 해냈다.

필자에게도 사실 본 프로젝트는 무척 힘들었다. 일곱 팀의 진행 과정을 꼼꼼하게 모니터하며 적재적소에 필요한 정보와 자료를 제공하고 교내 협조를 구하는 것은 물론 팀별로 학생들을 실제 견학까지 데리고 다니는 과정, 서울대 측과 지속적인 의견

<멘토링 진행 모습, 서울대 정문에서 기념 촬영,
서울대 강의실에서 프로젝트를 발표하는 모습>

을 주고받으며 행사를 기획하는 과정, 버스 대절 및 관리자 결재 등 해야 할 일들이 너무도 많았다. 그러나 본 프로젝트를 진행하며 학생들의 성장을 생생하게 느낄 수 있었고 프로젝트가 끝났을 때 학생들이 그새 훌쩍 컸음에 말로 표현할 수 없는 뿌듯함과 뭉클함을 느꼈다. 교사가 수업을 치밀하게 계획하고 적절한 비계를 제공하며 학생들을 잘 끌어주는 만큼 확실히 학생들은 자신들이 가진 잠재력을 십분 발휘해 생각보다 많은 성장을 이뤄낸다는 것 또한 다시 한 번 깨닫게 되었다. 한편 학생들은 서울대 강의실에서 발표를 하고 서울대 학생 및 교수님과 대화를 나누었던 경험을 매우 즐거워하였다. 이를 통해 학업에 대해 열의를 가지게 된 학생들도 여럿 있었다. 본 프로젝트는 교사나 학생 모두에게 결코 쉬운 수업은 아니었다. 그러나 이는 우리 모두에게 성장의 계기가 되었고 결국은 행복했던 의미 있는 수업이었다.

 트렌디한 미래교육 여섯 번째 사례
– 보여줄게 ~ 인권을 지키는 나! 뮤직비디오 만들기

주제 : 지속가능개발목표 10. 불평등 감소

관련 교과

교과	단원명 및 차시
사회	5학년 1학기 2–1단원 〈인권을 존중하는 삶〉 5차시 : 인권이 침해된 사례 찾아보기 6차시 : 인권 보장을 위한 노력 알아보기 7차시 : 인권 보호를 생활에서 실천하기

핵심 역량

핵심역량	관련 활동
언어 · 상징 해석 활동	• 교과서에 제시된 아동 인권 침해 사례 글 읽기

지식 · 정보 활용 활동	• 아동 인권 침해 사례 추가 자료 조사하기
특정 기능 · 기술을 활용한 문제 해결	• 아동 인권 보호 뮤직비디오를 위한 가사 작성하기 • 아동 인권 보호 뮤직비디오를 위한 콘티 작성하기
타인과의 갈등 해결 · 협동 활동	• 아동 인권 보호 뮤직비디오 촬영을 위한 안무 함께 익히기 • 아동 인권 보호 뮤직비디오 촬영하기
학생의 자율적 활동	• 생활 속에서 발생하는 부당한 아동 인권 침해 사례를 깨닫고 문제의 심각성 인지하기
공동체 문제 해결	• 아동 인권 보호의 중요성을 알리고 뮤직비디오를 통해 온라인에 홍보하기

수업 배경 및 의도

필자는 평소 여러 사람의 협업으로 이루어지는 뮤지컬, 연극, 영화에 관심이 많았다. 언젠가 이러한 장르를 교육에 꼭 한번 접목해보고 싶었다. 그러던 중 여의도 고등학교 학생들이 가수 싸이의 〈나팔바지〉를 패러디해 만든 〈교복바지〉라는 뮤직비디오를 보게 되었다. 뮤직비디오는 뮤지컬, 연극, 영화보다 길이가 짧아 더욱 쉽게 만들어 볼 수 있겠다는 생각이 들었다. 학생들과 인권에 대한 사회 수업을 할 때 '아! 이거다' 하는 생각과 함께 뮤직비디오를 만들어보기로 결심했다. 마침 지인 중에 취미로 영상을 촬영하는 분이 있었다. 참고영상과 수업 의도를 전하며 촬영을 부탁하였는데 흔쾌히 응해주었다. 그렇게 본 수업이 시작되었다.

구체적 수업안 ~~~~~~

🧑‍🏫 1차시 : 프로젝트 도입 및 곡 선정하기

유니세프 영상을 통한 프로젝트 도입하기

프로젝트를 어떻게 자연스럽게 시작할 수 있을까 고민하다가 영상을 활용하기로 했다. 유니세프에서 유엔아동권리협약 채택 30주년을 맞아 제작한 영상으로 사회의 다양한 문제를 해결하기 위해 목소리를 내고 있는 어린이들에 대한 내용이었다. 영상은 한 어린이가 "당신은 무엇을 할 수 있습니까?"라는 묵직한 질문을 던지는 것으로 끝을 맺는다.

〈유엔아동권리협약 채택 30주년, 아이들을 위해 무
엇을 하시겠습니까? 유니세프〉

이 영상을 시청한 뒤 학생들에게 우리들은 세상을 위해 어떤 일을 할 수 있을까 하는 질문을 던졌다. 그리고 자연스럽게 당시 사회 시간에 배우고 있던 인권을 언급하였다. 인권 중에서도 우리들의 삶과 직접적 관련이 있는 아동 인권 보호를 위해 우리들이 나서보면 어떨까 하고 의견을 제시하였다. 뮤직비디오 제작은 필자가 꼭 한번 해보고 싶었기에 그간 다른 프로젝트와 달리 뮤직비디오라는 해결 방법을 필자가 직접 제시하였다. 대신 뮤직비디오를 제작하는 과정에 학생들의 아이디어가 충분히 담길 수 있도록 할 계획이었다. 여의도 고등학교의 〈교복바지〉 영상을 보여준 뒤 우리들도 아동 인권 보호를 위한 뮤직비디오를 제작할 것임을 이야기하였다. 다행히 학생들이 긍정적 반응을 보여주었다.

뮤직비디오 음악 선정하기

음악을 새로 작곡하는 것은 현실적으로 어려움이 있었으므로 기존의 곡을 개사하여 뮤직비디오를 촬영하기로 했다. 어떤 곡을 개사하면 좋을지 뮤직비디오 음악을 선정하기 위한 토의를 했다. 예상치도 못한 곡들이 최종 후보에 올랐다. 영탁의 〈찐이야〉, 에일리의 〈보여줄게〉, 싸이의 〈강남스타일〉 중 최종 곡은 에일리의 〈보여줄게〉로 선정되었다. 8~9년 전에 나온 노래가 선곡된 것이 다소 의외였다.

🎮 2차시 – 3차시 : 아동 인권 보호를 주제로 개사하기

세부 주제 정하기

노래는 선정되었고 기존의 가사를 개사하는 과정이 남았다. 아동 인권 보호라는 주제가 가사에 명확히 드러나야 하고 이러한 가사를 연기로도 쉽게 표현할 수 있어야 했으므로 가사 작성이 매우 중요했다. 아동 인권 보호라는 주제가 다소 추상적으로 느껴져 구체적으로 가사에 어떤 내용을 담으면 좋을지 아이들과 토의하는 시간을 가졌다. 그 결과 뮤직비디오에서 다룰 구체적인 두 가지 주제를 정했다. 아동을 존중하지 않는 태도, 성적으로 아이들을 평가하는 것을 아이들은 큰 문제로 인식하고 있었고 이러한 태도를 개선해줄 것을 요구하는 내용을 가사로 적어보고 싶다고 하였다.

원곡 가사 개사하기

'아동을 존중하지 않는 어른, 성적으로 아이들을 평가하는 어른'이라는 주제로 학생 개별로 가사를 적어오도록 과제를 내주었다. 바로 모둠 토의를 진행하게 되면 주어진 시간에 좋은 아이디어를 떠올리기 어렵기 때문에 모둠 토의 전에는 과제를 통해 각자 충분히 생각할 시간을 주는 것이 좋다. 각자 쓴 가사를 바탕으로 좋은 구절들을 모으고 다듬어 모둠별로 가사를 완성해 제출하도록 했다. 개사를 하는 일이 만만치 않음에도 불구하고 주옥같은 가사들이 많았다.

모둠별로 제출한 가사 중 좋은 구절들을 모아 통일감 있게 다듬어 필자가 최종 가사를 완성하였다. 완성된 가사는 다음과 같다.

〈보여줄게〉 / 서울 방화초등학교 5학년 1반

상처 입은 마음 숨기고 눈에 맺힌 눈물 꾹 참고 지금도 넌 아이
에게 또 구박하겠지.
그렇게 미웠던 거니 날 혼내고 때릴 만큼
얼마나 더 어떻게 더 상처 줘야 하는 거니.
상처 아무리 지울래도 이미 혼난 게 얼마인데
가끔 너무도 억울해서 자꾸 눈물이 흐르지만

보여줄게 완전히 달라진 나 보여줄게 인권을 지키는 나
바보처럼 나이 때문에 무시하지는 마 똑같은 사람이야.
모두가 어렸잖아. 처음부터 어른 아니었잖아.
나이가 어리단 이유로 차별하지는 마. 제발 좀 그만해.

산뜻하게 연필도 깎고 정성 들여 문제를 풀고 있는 힘껏 쥐어

짜서 검산도 다 했지.

시험지 들고 집에 가면 이딴 것도 다 점수냐며

화난 부모님 뒤로 한 채 또박또박 외치려고 해.

보여줄게 완전히 달라진 나 보여줄게 인권을 지키는 나

바보처럼 성적 때문에 화를 내지는 마. 최선을 다했어.

엄마도 똑같잖아. 처음부터 백점 아니었잖아.

우리들을 성적만으로 평가하지는 마. 제발 좀 그만해.

네가 줬던 상처 지우고 네가 줬던 아픔 다 잊고 이제부터 말

할 거야.

소중히 대해줘. 인권을 지켜줘. 우리는 소중해.

보여줄게 완전히 달라진 나 보여줄게 인권을 지키는 나

바보처럼 차별 때문에 편견들 때문에 울지 않을래.

더 많이 노력해서 꼭 보여줄게 완전 달라진 세상

모든 인권 다 존중받는 찐 행복한 세상

People gatta be aware

👤 4차시 : 노래 녹음하기

　학생들의 아이디어를 통해 완성된 뮤직비디오의 가사가 마음에 들었다. 학생들도 원곡 대신 개사한 내용으로 노래를 따라 부르고 집에서도 계속 부르게 된다며 만족해했다. 뮤직비디오에 학생들이 직접 부른 노래를 삽입해야 했는데 전문가의 도움을 받기로 했다. 녹음실에서 녹음을 진행하기로 한 것이었다. 학생 전체가 녹음을 하면 좋았겠지만 녹음실에 학생 전체가 방문을 하기에 어려움이 있었다.

　평소 음악 시간에 노래를 열심히 부르고 노래 부르기 과제를 열심히 제출했던 학생 네 명을 녹음실에 방문할 친구로 선정하였다. 학교장 결재를 받고 주말을 이용해 학생들과 녹음실을 방문하였다. 녹음실을 찾기까지에도 다소 어려움이 있었다. 생각보다 비용이 너무 많이 들었던 것이다. 검색 끝에 합리적 가격

<녹음실에서 개사한 노래로 녹음하는 모습>

〈참고〉녹음을 진행한 업체와 상의가 되지 않아 본 책에는 업체의 상호명을 넣지 않았다. 필자의 블로그(https://blog.naver.com/ericpoison)에 자세히 소개하였다.

으로 녹음을 진행하는 곳을 찾았다. 학교와도 크게 멀지 않은 곳이라 여러모로 마음에 들었다. 작업한 파일도 녹음 당일 오후에 바로 받을 수 있었다.

🧑 5차시 – 6차시 : 뮤직비디오 촬영을 위한 콘티 만들기

뮤직비디오 촬영을 위한 콘티 만들기에 돌입하였다. 가사가 워낙 잘 나왔기에 콘티를 짜는 것은 크게 어렵지 않았다. 뮤직비디오 촬영을 도와줄 지인이 촬영용 콘티를 어떻게 작성하면 좋은지 예시를 구체적으로 작성해 보내준 덕에 이를 참고해 수월하게 작업할 수 있었다.

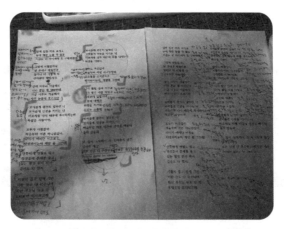

<노래 가사마다 어울리는 장면을 빼곡하게 작성한 모습>

학생들에게 개사한 종이를 한 장씩 나누어주고 각각의 내용마다 떠오르는 장면을 적어보도록 했다. 가사 한 줄 한 줄마다 스물 두 명의 아이디어가 모이게 되었고 그 중 좋은 아이디어가 한 개씩은 반드시 있었다. 이러한 방식으로 순식간에 촬영 시나리오가 완성되었다.

작성된 내용은 촬영 기사가 보내준 촬영 시나리오에 맞게 넣어 최종 완성하였다.

<뮤직비디오 촬영을 위한 최종 시나리오>

7차시 – 8차시 : 뮤직비디오 촬영을 위한 안무 배우기

노래도 완성이 되었고 콘티도 완성이 되었다. 각 씬을 누가 촬영할 것인지 씬 별 캐스팅도 완료하였다. 학생들에게 틈틈이 시간을 이용해 각 씬을 연습하도록 안내하였다. 그러나 단체로 춤을 추는 군무 씬은 별도의 연습이 필요했다. 방과 후 방송 댄스 수업을 진행하는 강사님께 사전에 협조를 구해 안무를 배우는 시간을 마련했다.

<방과후 방송 댄스 선생님에게 안무를 배우는 중>

안무를 배운 뒤엔 각자 방과 후, 주말 등을 이용해 안무를 충분히 숙지하도록 안내했다. 촬영 직전에는 다함께 교실에서 연습하는 시간을 별도로 가졌다. 평소 춤추는 것을 좋아하는 여학생들이 친구들에게 춤을 알려주며 다 같이 빠른 속도로 안무를 숙지하였다.

<단체 군무를 함께 연습 중인 아이들>

👷 9차시 – 10차시 : 뮤직비디오 촬영하기

드디어 뮤직비디오를 촬영하는 날이 되었다. 촬영 시간이 다소 길고 학교 곳곳의 시설을 이용해야 했으므로 다른 학생들이 등교하지 않는 주말을 이용했다. 학교장에게 사전 결재를 받고 학부모님 동의도 미리 받았다.

비가 살짝 내리는 날씨에 장시간 촬영이 이루어졌지만 힘든 내색 하지 않고 학생들이 적극 참여해주었다.

촬영 본을 촬영 기사분과 여러 차례 의견을 교환하며 수정을 거친 뒤 드디어 최종본이 완성되었다. 아래의 QR 코드를 통해 완성된 뮤직비디오를 시청할 수 있다.

<뮤직비디오 촬영>

〈서울방화초5-1. 아동 인권 보호 MV-보여줄게〉

본 수업을 진행할 당시 학부모 공개수업을 앞두고 있었는데 마침 그쯤 영상 편집이 완료되어 아이들과 만든 뮤직비디오 상영으로 공개수업을 시작할 수 있었다. 공개수업은 교사에게 항상 부담이 되는 일인데 덕분에 편안하고 긍정적인 분위기에서 수업을 시작할 수 있었다. 아이들은 자신들의 모습을 보며 다소 부끄러워하기도 했지만 자랑스러워했다. 학부모님 중에는 뭉클한 마음에 눈시울을 붉히는 분도 있었다. 모든 과정을 함께한 필자 역시 벅차오르는 마음에 눈물을 참느라 애써야 했다.

에필로그

작년 한 해 6학년 담임을 맡아 글을 쓰는 지금 졸업을 이틀 앞 두고 있다. 아이들을 졸업시키는 것과 함께 필자 역시 이 학교 를 졸업한다. 전보 발령의 해이기 때문이다. 새 학기는 또 어떻 게 꾸려갈지, 어떤 사업을 미리 신청해 예산을 확보할지, 졸업 식을 준비하랴, 새 학기도 준비하랴 마음이 바쁘다. 우리 아이 들 역시 초등학교 생활을 잘 마무리하고 중학교에서의 힘찬 새 출발을 위해 바삐 달리고 있다. 겨울방학 때부터 오전 6시에 일 어나 공부를 하는 학생, 인터넷 강의를 듣고 공부하며 잠이 들 었다는 학생, 중학교에 가서는 꼭 전교 1등에 도전해보겠다는 학생들이 유독 많다.

처음 아이들이 이 교실에 왔을 때만 하더라도 아이들은 공부 에 대한 의욕이 많지 않았다. 아침 일찍 일어나 공부를 하는 학 생은 더더욱 없었다. 담임 선생님이 새벽같이 일어나 출근하여 책도 읽고 열심히 수업 연구를 하고, 교사라는 직업을 가지고 다양한 배움을 찾아 계속 노력하는 모습이 아이들에게 긍정적 영향을 준 듯해 뿌듯하다.

　요즘 젊은 교사들 사이에서 교원평가 결과를 SNS에 인증하는 것이 유행이다. 혹자는 이런 평가 결과를 인증하는 것이 불편하다고 하고, 또한 교사들 간의 위화감을 조장하는 것 같다며 반대하기도 한다. 필자는 그런 면도 있다고는 생각하지만 그보다는 한 해 동안 열심히 교육활동을 한 결과에 대해 학생들과 학부모님들로부터 긍정적 피드백을 받는 것이 즐겁다. 물론 긍정적 피드백 외에 개선점에 대한 의견, 아쉬운 부분에 대한 의견들도 있다. 그럼에도 불구하고 필자의 교원평가에는 '수업이 재미있다', '새로운 경험을 많이 하게 해주신다' 와 같은 내용이 더욱 많은 비중을 차지한다.

　아이들과 학급 차원에서 체험학습을 가고 여러 가지 프로젝트를 진행하는 과정은 교사로서 많은 시간과 노력이 드는 일이지만 교사 역시 이러한 과정을 통해 많은 것을 배우고, 무엇보다 아이들이 쑥쑥 성장해나가는 것을 몸소 느낄 수 있어 결코 멈출 수 없게 되는 일이다. '올해는 작년만큼은 하지 말아야지. 조금만 여유 있게 해야지. 조금만 쉬엄쉬엄 해야지.' 하면서도 프로젝트 수업을 하며 학습 과정에 몰입하고 성장하는 아이들을 볼 때면, 그리고 프로젝트가 끝나자마자 "선생님, 다음 프로젝트는 뭐에요?", "선생님 프로젝트 또 하고 싶어요." 라고 말하는 아이들을 보면 어느샌가 나도 모르는 사이 프로젝트를 추진하게 된다.

프로젝트 수업의 좋은 점은 아이들이 저마다의 강점을 발휘할 수 있다는 것이다. 교사는 조력자로서 아이들을 옆에서 지원하고 그 외의 활동은 아이들의 자율성에 맡겨두면 아이들은 알아서 저마다의 강점을 발휘해 각자 할 수 있는 것들을 찾아나간다. 그렇게 서로 부족한 부분을 보완하고 채워주는 과정에서 아이들 간의 사이도 돈독해지고 학급 분위기도 화목해진다. 교사역시 프로젝트 수업을 하며 그동안 미처 몰랐던 아이들의 새로운 강점과 잠재력을 계속해서 발견하게 되고, 각자의 위치에서 열심히 노력하는 아이들을 볼 때면 아이들에게 진심으로 감사하는 마음이 들기도 한다.

그러나 프로젝트 수업을 하며 좋은 점만 있었던 것은 아니다. 솔직히 말해 힘들고 어려운 점도 있었다. 아이들과 열심히 수업하는 모습을 긍정적으로 봐주고 응원해주는 분들도 많았지만 학급에서 하는 활동이 다른 학급에서 하는 활동과 다소 다르다는 이유로 부정적 시선을 받은 적도 있었기 때문이다. 심지어 다른 학급에 소문이 나지 않게 하며 아이들과 몰래 수업을 진행한 적도 있었다. 아이들이 "선생님 옆 반 친구들이 어떻게 알았는지 저희가 하는 거 알던데요? 어떡해요?" 하며 필자를 걱정해주기도 하였다. 학년별로 교육과정을 통일하길 강하게 원하는 학년 부장이나 학교 관리자를 만나게 될 때에는 수업에 대한 쓴 소리를 듣기도 했다.

프로젝트 수업은 단순히 보여주기 위한 수업도, 그저 아이들의 재미와 흥미를 유발하는 수업도 아니다. 보다 화려한 수업을 보여주기 위해, 아이들에게 인기를 얻기 위해, 뭔가 그럴듯해 보이는 수업을 하기 위해 이토록 손이 많이 가는 수업을 하는 것이 아니다. 아이들이 수업 시간에 배운 내용이 실제 생활에 어떻게 쓰이는지 생생하게 알려주기 위해서, 세상의 문제를 해결하는 데에 내가 배운 교과 지식이 어떻게 활용되는지 알려주기 위해서, 내가 왜 공부를 해야 하는지를 깨닫게 해주기 위해서, 또한 우리들이 바로 세상을 달라지게 할 수 있는 존재임을 깨닫게 해주기 위해서 프로젝트 수업을 하고 있으며, 필자는 이 과정에서 교실과 세상은 연결되어야 한다고 생각한다.

학교는 미래 교육을 이야기하지만 실제 교육현장은 그와 거리가 있는 경우가 상당히 있다고 느끼는 것이 솔직한 마음이다. 학년별, 학교별 통일된 교육과정을 운영하는 것이 중요하지만 그에 못지않게 교사들에게 자율성을 부여하여 다양한 교육 실험을 해보고 자유롭게 연구하는 문화를 장려해줄 때 교육이 더욱 발전할 수 있지 않을까 생각한다. 교사들이 저마다의 철학으로 자유롭게 탐구하고 원하는 교육을 실현할 수 있을 때 보다 다양하고 재미있고 효과적인 여러 가지 교육법 또한 발전할 수 있지 않을까.

아울러 학교가 세상과 보다 긴밀히 연결될 수 있도록 많은 지원이 이루어지면 좋겠다는 바람도 있다. 대학의 경우 기업 및 정부의 다양한 기관들과 연계한 여러 가지 사업을 하지만 초등에서는 이와 같은 협력이 거의 이루어지지 않고 있다. 교사 개인이 기업 및 기관에 연락하고 프로젝트 및 견학 신청 등을 하기보다 국가 차원에서 기업 및 기관을 섭외하고 목록을 만들어 교사들에게 제공해준다면 아이들에게 더 많은 경험을 줄 수 있고 교육효과를 극대화할 수 있을 것이다.

마지막으로 교사에게도 보다 넓은 세상을 경험할 수 있는 기회를 많이 주었으면 한다. 아이들에게 다양한 세상을 보여주고 세상에 필요한 갖가지 역량을 준비해주어야 하는 교사가 오히려 좁은 시야에 갇혀 아이들에게 많은 것을 보여주지 못하는 아이러니한 상황에 처해있다. 각종 인턴 및 외부 활동을 할 기회가 많은 일반대학의 학생과는 달리 교대생들의 경우 학창시절 이런 기회마저 쉽게 얻기가 힘들다. 시험을 봐서 교사가 되는 소위 말해 '갈 길'이 정해져있는 교대생들은 기업의 입장에서 비용을 내주며 교육해야 할 대상이 아니기 때문이다. 따라서 인턴 및 외부활동의 경험 역시 교대생들은 갖기가 어려우며 일반대학교보다 다소 폐쇄적이고 좁은 문화에서 대학 생활을 경험한 교대생들에게 진짜 세상을 경험할 기회는 제한적이다. 대다수의 교사가 휴학 없이 교대를 바로 졸업하고 스물넷, 스물다섯 정도에 학교에 첫 발령을 받는다는 점을 생각해보면 교사 역시 세상을 보는 시야가 그리 넓다고 할 수는 없을 것이다. 따라서 교대에 재학 중이거나 교사가 된 이후에도 세상을 두루 볼 수 있고 세상을 읽어나갈 수 있도록 인턴십 또는 외부 활동의 기회를 적극 제공하는 것이 필요하지 않을까 한다. 교사는 누구보다 열심히 배운다. 특히 아이들의 교육을 위해서라면 더욱 그러하다. 이러한 교사들에게 세상을 보는 창구를 열어준다면 이를 통해 아이들 역시 더 많이 배우고 더 많이 성장할 수 있을 것이다.